高校图书馆
信息资源建设与实践

王 欢◎著

吉林大学出版社

·长春·

图书在版编目（CIP）数据

高校图书馆信息资源建设与实践 / 王欢著. -- 长春：
吉林大学出版社，2021.4
ISBN 978-7-5692-8206-1

Ⅰ. ①高… Ⅱ. ①王… Ⅲ. ①院校图书馆－信息资源
－资源建设－研究 Ⅳ. ①G258.6

中国版本图书馆CIP数据核字(2021)第077428号

书 名	高校图书馆信息资源建设与实践	
	GAOXIAO TUSHUGUAN XINXI ZIYUAN JIANSHE YU SHIJIAN	
作 者	王欢 著	
策划编辑	李伟华	
责任编辑	李伟华	
责任校对	杨宁	
装帧设计	黄诗琪	
出版发行	吉林大学出版社	
社 址	长春市人民大街4059号	
邮政编码	130021	
发行电话	0431-89580028/29/21	
网 址	http://www.jlup.com.cn	
电子邮箱	jdcbs@jlu.edu.cn	
印 刷	武汉清霆彩印有限公司	
开 本	787mm×1092mm 1/16	
印 张	11	
字 数	150千字	
版 次	2021年4月 第1版	
印 次	2021年4月 第1次	
书 号	ISBN 978-7-5692-8206-1	
定 价	58.00元	

前　言

　　信息资源建设是图书馆和其他类型信息机构开展各项业务工作和服务工作的一项核心性基础性工作。高校图书馆作为高等教育的重要信息中心，其主要任务之一是建设全校的文献信息资源体系，为教学、科研和学科建设提供文献信息保障，可见信息资源建设工作直接决定着高校办学水平和办学质量。特别是"双一流"建设的提出，为高校图书馆信息资源建设提出了新的机遇和挑战。随着信息技术的发展，网络环境的形成和"互联网十"时代的到来，信息资源建设的理论体系、采访工作、组织管理、开发利用、资源评价、保障体系和共建共享都发生了根本性变化。如何有效构建新时期高校图书馆信息资源保障体系，最大限度地实现信息资源建设的共建共享等相关问题，一直是图书馆界积极研究的重要课题之一。

　　信息技术、计算机的高速发展与普及，创造了一个全新的信息交换环境，而这种环境极大地超越了传统信息传播中的局限，使得高校图书馆正经历一场以印刷品为主向数字化、电子化、网络化转变的重大变革。高校图书馆的信息资源建设对象不再是传统的文献概念，而是包括传统文献、电子出版物和网络信息在内的涵盖面较广的信息资源。高校图书馆信息资源建设的手段不仅包括对文献信息的收藏，也包括对光盘信息、网络信息的开发、导航和组织管理。大量的网络信息资源使文献资源的产生与发行形式发生了质的飞跃，它使高校图书馆馆藏空间出现了前所未有的结构性转变。

　　文献类型的多样化以及计算机技术、现代通信技术和网络技术在高校图书馆的广泛应用，促使高校图书馆资源建设理论发生了逻辑嬗变,经历了从最初的"藏书建设",到"文献资源建设",再到今天的"信息资源建设"的历史过程。这是一个由简到繁、由小到大、由具体到整体的演化过程,是内涵和外延不断加深和扩展的过程,它反映了这一研究领域理论的重大发展和变化。

面对日新月异的社会信息化进程,如何寻找一条适合于高校图书馆信息资源建设的新思路、新模式,如何理解信息资源的表现特征、活动过程和变化规律,如何对高校图书馆进行有效的选择和评价,如何认识当前形势下高校图书馆的生存价值与社会地位等诸多问题摆在我们面前。同时,也对我国现代高校图书馆信息资源建设和信息服务提出了新的要求。结合实际情况,我国现代高校图书馆信息资源共建共享建设应以经济发展为主线,科学定位、合理布局,使其能够为我国当前经济建设和发展服务。

目　录

第一章 绪论

第一节 高校图书馆信息资源建设概述

一、高校图书馆信息资源建设框架

(一)高校图书馆信息资源建设框架的原则

高校图书馆作为高校办学的三大支柱之一,承担着为教学和科研服务的重任,其基础和核心工作就是文献资源建设。文献资源建设的质量反映着图书馆的水平,决定着高校培养人才质量的高低,同时,其水平也是高校总体水平的重要标志。因此,高校图书馆在制定文献资源建设框架时应围绕学校的发展目标、专业设置和学科发展,切实把握好馆藏的兼容性和结构的合理性,坚持计划性、针对性、效益性、动态性和共享性等原则,把学科专业最优秀的馆藏,最适合学生阅读的馆藏收藏进馆,搭建良好的馆藏结构,真正发挥图书馆作为学校信息资源中心的作用。

1.计划性原则

高校图书馆的经费多来源于行政划拨,而目前大部分高校对于图书馆的建设并不是很重视,这就造成了高校图书馆经费不断紧缩的局面,如何使用有限的经费是高校图书馆文献资源建设的关键。高校图书馆应根据学校教学科研发展的需要及图书馆的任务,制订一个时期馆藏信息资源发展的规划,对馆藏数量目标、特色馆藏体系、数字信息资源与纸质资源比例做出具体的规定,对经费如何按学科专业分配有所确定,以便合理安排使用信息资源建设经费,达到优化配置。

2.针对性原则

进入 21 世纪以来,知识激增,信息爆炸,书刊数量迅速增长,各高校学科专业扩展较快,书刊价格上涨较快,尤其是数字信息资源,每年的更新费用上涨幅度还要超过纸质资源,高校图书馆必须利用好每一笔文献购置经费,针对学校的办学宗旨、专业特色、学科建设、招生层次,做好有针对性的文献资源补充计划,使馆藏信息资源能够契合学校发展,真正对学校教学科研起到支撑和促进的作用,实现文献资源的保障功能。

3.效益性原则

这里提到的效益,指的并不是经济效益,而是指文献资源在使用过程中所产生的使用效益。效益性原则是高校图书馆文献信息资源建设合理性及存在价值的重要依据。其主要体现在两个指标上,一是馆藏文献信息资源利用率,利用率越高,其效益越显著,这也是大部分高校图书馆测量文献信息资源效益性的主要指标和手段。然而,伴随各个高校图书馆逐渐实现大流通阅览模式,借还量逐渐转化为阅览量,原有统计方法和手段逐渐失去效用,图书馆需要新的测量机制和指标来建立对馆藏文献资源利用率的监控。二是馆藏文献信息资源对于学校教学和科研产出的支撑,其测量指标主要有考研率、学术成果产出率等。在本科教学评估中,经常提到的贡献度指的就是这方面。高校图书馆不同于公共图书馆,其在文化传承和传播上的功能远远弱于其对学校事业发展的支撑。馆藏文献信息资源在教学科研中所起到作用的量化,就是其效益性的最佳表现方式。①

4.动态性原则

零增长理论(Zero-growth Theory),又称稳定状态理论(Steady State Theory),是一种具有国际影响的控制图书馆藏书数量增长的理论。指图书馆发展到一定规模和水平阶段后,就应该控制藏书增长的速度,即在入藏新书的同时,相应地处理利用率近乎零或无保留价值的

---

① 王印成,包华,孟文辉. 高校图书馆信息管理与资源建设[M]. 北京:经济日报出版社,2018.

图书,从而使藏书增长接近于零的水平。

高校图书馆在进行文献信息资源建设的过程中,同样需要从零增长理论中借鉴馆藏整理的意义,高校图书馆要完成教育部部署的本科教学评估指标和满足读者借阅的需要,每年都要购入大量的新书,如果只进不出,图书馆就要面临两种选择。一是馆藏饱和,图书无处可放,只能逐步挤占图书阅览空间,这与当今图书馆以人为本的发展理念背道而驰,不符合图书馆发展趋势,而且即使将所有的阅览空间都用来藏书,也支撑不了太长时间,最后还是要面临空间饱和问题。二是随着馆藏增长增加物理空间,改造旧馆或增设新馆,此举也有其弊端,一是经费消耗巨大,一般学校不会划拨这么多经费,同时藏书增加与空间增加之间的性价比也反差巨大,很难获得上级部门的认同。因此,动态维护馆藏就成了成本最低,也最为科学的方法,即通过剔除或将利用率低的图书集中贮藏,减少空间占用,减缓馆藏增长速度。

5.共享性原则

我国每年都出版许多种图书,如此大的出版量,任何图书馆也不可能都收入馆藏,尤其是高校图书馆还要考虑自身学科设置、馆藏结构方面的问题,收藏的文献信息资源要有所侧重。但文献需求永远是多样化和个性化的,再优质的馆藏资源也无法满足所有读者的需求,构建文献共享体系,实现信息资源共享,以弥补自身馆藏的不足就显得非常重要了。目前高校图书馆实现资源共享可以通过以下四种途径来实现:一是与其他图书馆联合,实现馆际互借和文献传递;二是加入全国性的文献资源保障体系建设;三是开发挖掘OA资源(Open Access,即开放存取);四是利用网络资源。

(二)高校图书馆信息资源体系

图书馆信息资源体系是由信息资源类型、信息资源内容、信息资源管理、信息资源评价四方面内容组成,科学、合理的信息资源体系可以最大效率地发挥信息资源保障作用,为学校整体的建设与发展保驾护航。

1.信息资源类型

高校图书馆信息资源的类型划分标准众多。在图书馆学领域中，最常见的划分方法是按文献的载体形式进行划分，可以分为印刷型文献信息资源、数字型文献信息资源、缩微型文献信息资源。

印刷型文献信息资源下面又包括图书、期刊、报纸、图片、画册等。

数字型文献信息资源包括记录在磁带、磁盘、光盘及其他存储介质上的电子型文献资源，还有通过计算机网络收集、整理和传输可供利用的保存在图书馆外的资源，又称虚拟型文献信息资源或网络型文献信息资源。

网络型文献信息资源又可以分为电子图书(学术专著、学位论文、教科书、标准、技术报告等)、电子期刊(出版商电子期刊、学会电子期刊)、工具型资源(考试系统、管理平台、文献管理软件等)、学习型数据库(以语言学习、素质教育为主的文字、多媒体类型资源)、文摘索引数据库(综合性、专业性)、数值型数据库(经济、金融类统计数据库)、集成商全文数据库(报纸、杂志、期刊等混合型全文数据库)七种类型。

随着科学技术的不断发展和读者需求的变化，缩微型文献信息资源已经退出历史舞台，只在个别高校和公共图书馆有所留存。印刷型文献信息资源也呈逐年下降趋势，利用率越来越低，在馆藏中的比重也越来越小。反之，数字文献信息资源则呈迅速攀升趋势，无论是经费比重，还是读者利用率都在逐年上升，在文献信息资源体系中的位置越来越重要。

2.信息资源内容

信息资源内容一般来说是按照图书馆图书分类体系，针对学校学科专业设置和学生培养方案中培养目标的设立来划分的。按照用途或设立目的可分为以下五种。

(1)教学型信息资源

支撑教学，是高校图书馆一直以来最主要的任务之一，2015年修订的《普通高等学校图书馆规程》中明确规定，高校图书馆的主要任务之一便是"建设全校的文献信息资源体系,为教学、科研和学科建设提供文献信息保障"。

从高校自身职能来看,教学职能是大学最早也是最重要的职能,中世纪大学在欧洲产生的时候就已经存在。到了近现代,大学功能日益丰富,但教学育人依然是大学的首要职能。因此,高校图书馆在决定馆藏文献信息资源结构的时候,教学资源自然也需要排在首位。高校图书馆教学文献信息资源主要包括教材、教学参考资源、教学辅助资源(课件、视频、教学素材、挂图等)等方面资源。

目前高校图书馆在教材收藏上存在分歧,有的高校认为教材属于学生必备用书,图书馆不要再划拨经费进行收藏,其实这种认知是不全面的。首先,大学教材并不是统一发行、统一书目的,而是各学科专业教师在开课时选取最适合这门课程、最经典的图书作为教材,教材本身具有颇高的收藏价值。其次,大学教材自从取消硬性报订以后,学生并不是人手一本教材,图书馆收藏教材也可解决一部分学生的文献需求。最后,更为重要的是,如果能够系统地收藏学校所有学科专业各个时期的教材,也可以形成特色馆藏,展示出学校学科专业发展变迁的历史,起到传承学校自身文化的作用。

除教材外,高校教师的教学视频、教学课件、教学大纲,还有高校教师的书法、绘画作品,退休教师的教学笔记、著作的手稿等都可以纳入馆藏收藏范围,同样可以给正在或以后到校的教师、学生提供示范和参照,形成学校独有的教学传统,打造图书馆的教育特色资源。

(2)科研型信息资源

高校职能中,科研与教学并重,高校是科研人才汇聚的地方,从国家到地方,每年大部分的科研成果都产出于各个高校以及下属的科研院所。高校教师一般都会对科研有硬性要求,做好科研工作,也是高校教师自身发展的需要。对应学校科研职能,图书馆需要在资源上做好保障工作。

相对于教学资源,科研资源专业性更强,受众对象更狭窄,一般只针对研究生以上的学生和教师,本科生参与较少。这就要求文献资源建设要有层次性和阶梯性,要能准确应对不同层次读者的文献需求。结合上文中对于文献信息资源经费的分配,我们能够看到,越是重点的高校,其科研人员比重越大,对科研资源的需求也就越高。科研资源更多倾向于数字信息资源,因为数字信息资源更新更快,检索和利用都更便捷。正是基于这个原因,重点高校的数字信息资源所占比例要高于印刷型文献信息资源所占比例。

文献信息资源对于科研的支撑还体现在文献工具的运用上。近年来,文献管理软件或平台逐渐为科研人员所习惯和依赖,同时,数据库自带的学科前沿分析、发展趋势预测、相似性查重、知识图谱的引入等多元化辅助功能都大大促进了科研的效率,提升了学校科研质与量的全面提高,突显了图书馆文献资源建设在科研进程中的辅助作用。

(3)学习资源

大学里,学生才是学校的主体,学生是承载知识的对象,也是高校图书馆最主要的服务群体。引导学生阅读,为学生打造良好的阅读氛围,是当今高校图书馆开展阅读推广工作的主要任务。相比环境和氛围更重要的就是文献信息资源的质量和契合度,这也是图书馆在收藏学习型文献信息资源时需要着重努力的方向。

学习型信息资源按照目的不同可分为两种,一种是专业学习资源,是在专业学习过程中,与教材或专业方向具有一定关联的资源,它比参考书的范围要广,而且并不是针对教材的解释。丰富的专业学习资源,可以让学生建立起比较完整的专业体系,大大开阔眼界,达到触类旁通的效果。另一种是以自我发展为目标的应试类资源,也在学习资源范畴中,但又不同于大学正式开设的课程。比如,各种语言、计算机方面的过级考试,各个级别和地区的公务员考试,各种认证和资格考试,种类繁多,数不胜数,是当今大学生课业之外,最占用学生时间的学习内容。学习型信息资源现在已经从各种试题册转向各类考试数据库或平台,相对于传统的图书而言,考试数据库不仅题量更大,而且可提供试卷分析功能,根据学生答卷情况给出相应的分析与建议,并可以随之针对出现的问题做大量练习,效果比单纯做题要好很多。

（4）文化传承

保存和传承优秀文化，是图书馆最原始和本质的功能。2017年发布、2018年修订的《中华人民共和国公共图书馆法》第三条明确规定："公共图书馆是社会主义公共文化服务体系的重要组成部分，应当将推动、引导、服务全民阅读作为重要任务。公共图书馆应当坚持社会主义先进文化前进方向，坚持以人民为中心，坚持以社会主义核心价值观为引领，传承发展中华优秀传统文化，继承革命文化，发展社会主义先进文化。"高校图书馆虽没像公共图书馆那样立法来确认文化传承的责任，但同样在《普通高等学校图书馆规程》中，也有类似的规定，高等学校图书馆是学校的文献信息资源中心，是为人才培养和科学研究服务的学术性机构，是学校信息化建设的重要组成部分，是校园文化和社会文化建设的重要基地。

高校图书馆在文化传承与发扬方面，主要从两方面入手：一是按照《普通高等学校图书馆规程》第二十三条规定："图书馆在文献信息资源建设中应统筹纸质资源、数字资源和其他载体资源；保持重要文献、特色资源的完整性与连续性；注重收藏本校以及与本校有关的各类型载体的教学、科研资料与成果；寻访和接受社会捐赠；形成具有本校特色的文献信息资源体系。"这是对高校图书馆文献信息资源建设主要任务的规定，即以本校文献信息资源的收藏实现大学文化传承。二是继承和发扬社会文化，包括中华优秀传统文化，社会主义先进文化，人类优秀文化等，这也是大学图书馆设立的初衷之一。

从文化传承的角度出发，高校图书馆在构建馆藏信息资源体系时，不仅要考虑图书的专业性和利用率，还要放开眼界，注重文化经典和专业经典的收藏，注重本校教师论著和毕业论文、博硕士论文的收藏，尤其是不易保存的设计类作品、影视类作品、音频类作品等。注重文化传承，培养文化自信，实现文化育人的目的。

（5）素养提升

除了上述高校图书馆必须承担和发扬的文献信息资源建设内容

外,还有一类信息资源也是必不可少的,即以提升学生综合素养为目的的素养提升型文献信息资源。大学不同于中小学,其学习模式由教师传授转换为自主学习,大学时期是学生形成和完善自身文化体系,提升综合素养的最重要阶段,图书馆是学生实现这一功能的最重要场所,因此,馆藏文献信息资源体系中,应从学生发展的各个角度——德、智、体、美、劳等诸方面进行收藏,实现全面育人。

3.信息资源管理

(1)信息资源采购

信息资源采购是高校图书馆信息资源建设的基础工作之一。伴随着计算机、网络技术的应用,信息资源内容与形式的变迁和丰富,信息资源的采购原则、标准都发生了很大的变化,信息资源的采购方式也呈现了多样化。这些新的方式为高校图书馆的信息资源采购提供了更多的选择。

目前,各高校图书馆的采购方式主要有预订、现采、网购、函购、集团购买、受赠、交换、呈缴等几种。其中,预订是高校图书馆最为传统的一种采购方式;现采是许多高校图书馆主要的一种采购方式;网购是近些年来图书补充采购的一种主要的采购方式;函购随着网络的发展已很少被采用;集团采购是电子资源最重要的一种采购方式;受赠、交换、呈缴则是辅助的、免费的获取资源的采购方式。高校图书馆在信息资源采购过程中都是将多种采购方式综合加以运用。

(2)信息资源的复选与剔除

任何一个图书馆在建设设计时,都有一个藏书的限度。这个限度如果是在考虑了近期和长期需要的情况下确定的,就是一个图书馆必要藏书的合理限度。近年来,随着数字信息资源比例的逐渐提高,虽然数字信息资源对于物理空间的需要没有印刷型馆藏那么大,但也有其自身的代谢规律,同样需要经过复选与剔除的过程。馆藏复选需要掌握好文献入藏前复选和入藏后复选两个工作程序。文献入藏前的复选,是指通过文献验收工作程序控制,先通过复选,将初选不当的文献挑出,然后再将其余的文献整序入藏。文献入藏后的复选,即藏书剔除,是指图书馆根据一定的原则和标准,对已入藏文献进行筛选处理的过程。两者以入藏剔除最为重要。馆藏体系的形成是一个动态的发展过程,在这个动态的发展过程中,既要不断补充新的馆藏,又要不断通过复选,剔除那些已经失去使用价值的馆藏,这样才能不断净化和完善馆藏体系,提高馆藏质量。

馆藏复选一般按照近期和长期目标分为两步:第一步,将内容过时或外观陈旧,利用率低且已达到本馆复选标准的馆藏调拨至二线书库,在有的馆也叫基藏书库,可以密集摆放,减少存储空间。第二步,从二线书库中将确实失去保存和利用价值的文献,从馆藏中剔除,申请固定资产报废,或装箱处理,集中存放。

4.信息资源评价

馆藏文献信息资源评价,在传统图书馆中原是信息资源管理的一部分内容,但在现代图书馆中,其重要性越来越大,逐渐形成了自身比较完备的评价体系,已成为图书馆文献信息资源建设体系的重要组成部分。

就目前来看,馆藏文献信息资源评价是图书馆业务工作的中心环节,也是评价采访人员工作质量的重要依据。在传统图书馆向数字图书馆发展过程中,通过馆藏评价可以更好地了解馆藏的使用情况,馆藏文献资源是否符合本馆馆藏宗旨和图书馆的发展目标,文献购置经费是否得到合理的使用,为制订和调整馆藏建设的方针,分配文献购置经费,改进采访工作,提高采访质量提供理论依据。馆藏文献信息资源评价既是图书馆文献资源建设的最后一个环节,也是高校图书馆文献资源建设的一个新的循环起点,它对于实现高校图书馆文献信息资源体系对学校教学科研的支撑和自身的可持续发展具有非常重要的意义。

(三)高校图书馆信息资源建设总体发展特征

1.信息资源采访工作朝着现代化、网络化、集成化和标准化方向发展

由于计算机技术、通信技术和网络技术的快速发展和广泛应用,

使得高校图书馆信息资源建设的采访工作朝着自动化、网络化、集成化和标准化方向发展，主要表现在以下几个方面。

第一，采访手段的现代化。随着计算机和图书馆集成管理系统的应用，一直困扰采访人员的查重问题迎刃而解，现今文献采访完全实现了机选图书、电子书目选书、网络传递订单、上机验收核对订单、网络购书等一系列工作，使采访工作变得省时省事而且准确无误，工作效率得到极大提高。

第二，书目信息采集的网络化。网络环境下，书目信息采集的绝大部分工作都将在网络上完成，国外有文章把这称作"fully webbed acquisition"。高校图书馆在网络上建立自己的站点，注明本单位文献采集的重点、主要用户群、信息服务范围等内容，这有利于对口的出版发行机构推送适宜的书目信息。各信息出版发行机构定期把新书目通过电子邮件或FTP等形式推送给高校图书馆。采访人员收到书目信息后，就可直接从中选订本馆需要的书目信息。

第三，采访系统的集成化。包括两个方面：一方面是采访系统应该对本系统的各个文档、各种数据进行集成化管理。一些常用数据、公共数据无须在每一个文档中都保留一份拷贝，只需要在主控文档中设置一份即可。各个文档、各个模块在需要时从主控文档中全部或截取某些字段转入本文档或模块中。这样可以以最小的数据冗余来实现数据共享，节约数据存储空间。另一方面是采访子系统与其他子系统间要能够互相利用各种数据，互相利用各自的工作成果，采访子系统与其他子系统间，需要进行集成化管理。一次输入数据供多个子系统共同使用，提高图书馆集成管理系统的自动化程度。

第四，采访工作的标准化。网络环境下，采访工作处处离不开信息传递与信息交换。标准化是实现信息传递和信息交换的必要条件，可以保证不同类型的系统之间进行无障碍交流和沟通，实现网上的可交互操作，提高采访工作的速度和效率。采访工作标准化的内容包括书目信息数据格式标准化、信息传递模式标准化、不同系统之间计算机硬件与软件的兼容、信息检索工具的兼容、信息交换协议的一致性等方面。

2.信息资源组织发生变革,向着高速化、复杂化、系统化、网络化方面发展

(1)信息资源组织的变革

第一,对象变革。传统纸质文献,主要指印刷型的出版物,如图书、期刊、会议论文、科技报告等,它们曾是信息资源组织的主要对象,而现在网络信息组织占据的份额越来越大,对数字信息资源组织,如声音、图像、多媒体的组织,成为信息组织的主力军。

第二,技术变革。Web3.0其实就是建立在Web2.0基础上,并实现了更加"智能化的人与人和人与机器的交流"功能的网络模式。在信息资源组织时,Web3.0技术为广大的用户提供了一个基于用户个性化需求的智能、高效和综合的解决平台。通过整合各种不同的网络信息资源,整合不同的用户需求,再根据用户的兴趣和需求,提供最为有用的信息聚合,以满足用户的个性化需求,进而提升用户获取和使用信息的效率和质量。

第三,主体变革。以往信息组织的主体一般由专门机构的文献组织担任,如今互联网组织、商业网站和学术界也逐渐加入了信息资源组织主体的阵营。

(2)信息资源组织的发展趋势

第一,信息资源基数巨大,增长迅速。高校图书馆的馆藏囊括和覆盖了世界大多数学术资源,其数量是非常巨大,无法估量的,且伴随信息资源总量的增加,迅速扩充。

第二,处理与传递信息的速度加快。利用现代化的技术整改工作流程,将管理板块升级,利用现代化的方式处理、加工信息,效率极大提高。

第三,信息方式处理复杂化。因为电脑技术的发展,信息处理方式的发展也日趋多样化、复杂化,更加多样的方式使得信息处理更加完整与丰富。

第四,信息资源处理的系统化。网络环境的发展导致了海量的信

息,但如果信息处理还像以前一样方式单一,终有一天整体系统会面临崩溃。如今的系统化压缩、解读、解码等一系列程序打破了以前的常规处理模式,将海量信息通过系统、程序化的有序处理后,有规则化的形成井然有序的信息资源。

第五,信息资源网络化。如今因为进入网络化、全球化、多媒体的时代,信息资源自然也需要网络化,各个结点、步骤通过网络技术这个形象的大网把它们统统联系在一起,更有利于其发展和推广。

3.信息资源存储朝着云存储方向发展

信息资源存储的发展趋势——云存储。云存储是云计算的拓展和延伸,是一个延伸的概念,是一种新兴的网络存储技术。云存储指通过集群应用、网络技术或分布式文件系统等功能,将网络中的大量各种不同类型的存储设备通过应用软件集合起来协同工作,共同对外提供数据存储和业务访问功能的一个系统。

当云计算系统运算和处理的核心是大量数据的存储和管理时,云计算系统中就需要配置大量的存储设备,那么云计算系统就转变成为一个云存储系统,所以云存储是一个以数据存储和管理为核心的云计算系统。简单来说,云存储就是将储存资源放到云上供人存取的一种新兴方案。使用者可以在任何时间、任何地方,透过任何可连网的装置连接到云上方便地存取数据。

4.信息资源建设评价由印刷型信息资源评价为主向数字信息资源评价为主的方向发展

图书馆馆藏印刷型信息资源评价研究的主体是纸质图书和纸质期刊,其评价内容一般包括数量评价、质量评价、利用评价三个方面,每个方面都有相应的评价指标,且评价方法多以定性为主。随着数字信息资源在馆藏中所占比重的逐渐增加,数字信息资源的评价引起我国图书馆界的普遍关注,对数字信息资源的评价研究由最初的对商业数据库的评价研究,发展为电子资源评价指标体系的建立,接着采用系列定性和定量评价理论与方法模型来开展数字资源评价研究,这些对数字资源评价理论的创建和数字资源评价实践活动的广泛开展都具有开拓意义。因此,高校图书馆有必要对数字资源评价指标体系的完备性、科学性及其各种影响因子进行更加深入的探讨、分析和提炼,制定更加完善、科学、合理的定量指标体系;寻求更为有效的方法支撑数字资源评价模型;开发和研究新的、有效的技术手段实现理论与实践的有机结合,以期数字资源评价理论在图书馆事业发展实践中彰显其价值,并使之日臻完善、科学。

5.信息资源建设保障体系向可持续发展的方向发展

信息资源保障体系的可持续发展,既指信息资源数量的增长,也包括资源质量、响应速度、新颖性的要求。因此,信息资源建设应走既注重资源范围、数量的外延扩展,又重视内容建设、高品质的建设道路。应坚持"以用户为中心""以用为主,为用而藏"的观念,对现有资源进行深度挖掘、开发和利用以及对未来资源的合理配置。

第一,特色资源建设的可持续发展。特色是生存之本,是图书馆持续发展的物质基础,各高校图书馆一直坚持紧抓特色资源建设,从现实馆藏和虚拟馆藏两方面从学科特色、本地区地方特色和本馆收藏特色来加强特色化建设。

第二,持续坚持知识产权保护。知识产权问题是图书馆信息资源建设所面临的最为复杂的问题之一。网络环境下,图书馆一方面要将大量的数字化信息纳为己有,为己所用,成为虚拟馆藏的一部分;另一方面又要将图书馆本身所收藏的特色文献资源进行数字化,并通过因特网供用户查询使用。无论采用哪一种做法,都势必涉及知识产权问题。图书馆作为社会知识、信息的集散地,既要使信息共享交流符合法律规范,保护知识产权不受侵犯,又要充分利用知识产权制度的积极作用,促进信息资源的共享。这是信息资源保障体系持续坚持的工作。

第三,虚拟资源永久使用保障的持续发展。随着图书馆拥有的和可存取的数字化资源越来越多,数字化资源的持久保存问题也越来越受到图书馆界的重视。对数字化资源的永久保存一方面要依赖技术、工具和管理机制,另一方面要从图书馆的发展战略考虑对分布的、异构的虚拟信息资源的永久保存,以确保对购买的信息资源拥有实际的、永久的使用权。这既包括和出版商、提供商之间的谈判、签订协议,以法律手段保障图书馆对资源的永久使用权,也包括采取技术手段保障永久使用。

6.信息资源共建共享朝着云图书馆方向发展

云图书馆就是虚拟的、没有围墙的图书馆,是基于网络环境下共建共享的可扩展的知识网络系统,是超大规模的、分布式的、便于使用的、没有时空限制的、可以实现跨库链接与智能检索的知识中心。它不是图书馆实体,它借鉴图书馆的资源组织模式、借助计算机网络通信等高新技术,以普通存取人类知识为目标,创造性地运用知识分类和精准检索手段,有效地进行信息整序,使人们获取信息消费不受时间和空间的限制。其服务是以知识概念引导的方式,将文字、图像、声音等网络化信息,通过互联网传输,从而做到信息资源共享。每个拥有任何电脑终端的用户只要通过联网,登录相关云图书馆的网站,都可以在任何时间、任何地点方便快捷地享用世界上任何一个云图书馆的信息资源。这是任何一个图书馆,包括高校图书馆在内的发展趋势。

二、高校图书馆印刷型信息资源建设概况

(一)高校图书馆纸质图书建设基本内容

1.制订馆藏图书建设规划

纸质图书在馆藏中的地位虽然逐渐让位于数字信息资源,但馆藏纸质图书的建设仍然是图书馆信息资源建设的主体,其发展体系的复杂性也是数字信息资源无法比拟的,因此做好馆藏图书建设规划,对于建立科学合理的馆藏图书体系具有非常重要的作用。

(1)明确馆藏建设发展目标

高校图书馆需要围绕学校的发展目标,从学校的教学、科研工作出发,制订本馆的总体文献资源建设发展目标,从而明确纸质图书在馆藏建设中的地位和作用。

(2)制订各学科专业经费分配比例

在纸质图书采访之初,需要根据学校的发展方向,合理配置各学科专业的投入比例,从而在图书采购过程中,根据制订好的比例及时调整图书采购数量,保障藏书建设的系统性。

(3)构建分级藏书体系

无论是高校图书馆还是公共图书馆,其所面对的读者的知识水平和阅读能力,以及阅读目的都是不同的,现代图书馆学将其按阅读目的进行了划分,同时对应的馆藏级别也进行了划分,一个优秀的馆藏体系,其各级别的位置和规模都应该与学校实际读者群体相对应。

(4)藏书管理政策

确定有关藏书的加工、整理、保存、传递、借阅、复选等管理方面的标准和程序。

(5)合作藏书发展政策

确定合作藏书的目标、合作藏书的任务、参加合作馆的入藏范围、应该承担的责任、文献的报道和共同利用。

(6)馆际互借与资源共享政策。

明确图书馆在馆际互借与资源共享方面的权利与义务、文献传递的方法和程序,通过政策的作用,调节和平衡馆际互借中的利益关系,使参与各馆都受惠。

2.制订馆藏图书采访政策

图书采访政策是指图书馆在文献采访工作中为实现采访目的而实行的方针和政策。图书采访政策是指导纸质图书采访的纲领,是纸质图书采访人员采访行为的标准和参照。

(1)馆藏图书采访原则

采访原则是采访工作的依据,主要包括采购图书的范围、复本、时段、价格等。

(2)馆藏图书的结构、类型和级别

考虑本馆藏书现状和学校专业设置、学科建设发展需要,对本馆采访文献的结构、类型和级别加以规定,确定哪些文献是采访重点,哪些是全面采访,哪些需要适当采访等。

(3)馆藏图书的获取方式

对图书主要获取方式的操作流程、参照标准进行说明和规定。

3.建立馆藏图书建设制度

第一,经费管理制度。包括图书经费的分配预案、采访人员的使用权限、经费的审批程序、报账程序与标准等。

第二,采访工作规范。包括采访方案的制订、采访方式的确定、书商的选择、各个环节的标准化程度、采访结束时的分析报告等。

第三,监督检查办法。包括对图书质量、采访人员操作程序、书商供货和加工等监督检查。

(二)高校图书馆纸质报刊建设基本内容

1.报刊采访的依据

(1)报刊内容的主题和学科归属

这是图书馆采选报刊的基本依据,传统高校图书馆选择期刊往往更多地考虑学校的学科专业设置,保证每个学科专业均有对应的报刊,在经费允许的情况下,尽量收全。

(2)读者需求量

读者需求是图书馆所有馆藏建设的主要驱动力之一,近年来,高校图书馆纸质期刊规模不断缩减,尤其是普通本科院校图书馆,每年都会进行大规模缩减,其主要原因之一就是读者需求量不断减少。

(3)报刊的质量

在纸质期刊大规模缩减的情况下,期刊质量成为高校图书馆保留期刊的主要参考因素,大部分图书馆会尽量保留各个学科专业的核心期刊,如果无法全部保留,也会按照期刊影响因子,从后往前进行减订。

2.报刊收藏的特点

(1)连续性

报刊最本质的出版特征就是连续性,馆藏报刊采访,切忌时停时订,重要报刊要保持连续稳定,保持其系统完整。

(2)系统性

主要体现在某个学科或专业的报刊收集要齐全完整,尤其是学校重点或特色发展的学科专业,不仅要保障核心期刊的完整,尽可能将相关期刊也都收录齐全,经费允许的情况下,还要将相关的外刊也完整收录。

(3)时效性

报刊的采选具有明显的时效性和周期性,要严格按照采选周期进行,如果错过,很难再补充完整。

3.报刊复选

(1)装订

报刊独有的复选过程,当年出版的期刊我们称之为现刊,一旦时效一过,就需要遴选重要的报刊进行装订,成为过刊。

(2)增订或减订

每年报刊征订前,都应该进行读者意见的收集,结合实际使用情况,对报刊的品种进行修订,原则上不能大幅增减,要保持报刊的连续性和系统性。但近年来,由于纸质报刊利用率持续走低,逐渐为电子报刊所取代,各个高校图书馆都在削减自己的报刊品种,打破了原有的报刊订购规律。

第二节 高校图书馆资源的建设原则

一、思想性原则

新的历史时期,国家把文化建设放在十分重要的位置,强调推动社会主义文化大发展大繁荣,这充分体现了我们党对时代发展趋势的深刻认识与把握能力,反映了我们党在新的历史条件下加强文化建设的高度自觉性。推动社会主义文化大发展大繁荣,就要求我们自觉适应经济社会发展对文化建设的新要求和人民群众对文化建设的新期待,掀起社会主义文化建设新高潮。在文化建设的过程中,高校图书馆承担着十分重要的责任与任务。高校图书馆为社会服务的物质基础是馆藏文献资源,而馆藏文献资源是通过高校图书馆自身的文献资源建设构建起来的,因此,高校图书馆在文献资源建设中应主动适应社会主义文化建设的基本要求,收藏有利于人们树立正确的世界观、人生观、价值观,形成良好社会公德的文献资源,如学术价值和艺术价值高的文献资源,并要充分发挥馆藏文献资源对人们世界观、价值观及行为方式形成的积极作用,以体现馆藏文献资源建设为社会主义文化建设服务的思想性原则。

二、系统性原则

系统是有组织(有序)、有层次的事物集合体。现代系统论认为,世界上的一切事物无不处于一定的系统中,而且一切事物本身也是一个由相互作用、相互依存、相互联系的若干部分组成的。文献资源建设是由具有特定功能的有机体构成了自身的系统,它表现为文献内容的系统性和文献出版过程的连续性上。文献内容的系统性是指文献所记录的知识信息内容本身具有系统性。从时间上看,这些内容从古至今,不断地继承、积累和发展,形成一个完整的体系;从空间上看,各门知识相互渗透、交叉和联系,从而形成了纵横交错的客观知识体系,贯穿在数量庞杂的文献之中。文献出版的连续性是指文献在出版的过程中,具有计划性和连续性,其中大部分文献是有计划的连续出版物,有些文献,如期刊、报纸、多卷书等则是逐年、逐月、逐日按时出版,因此,高校图书馆在文献资源建设过程中,应保持学科专业文献在内容上的历史连续性和学科的完整性,反映出每一专业领域发展变化的过程,并体现最新的研究成果,特别是对反映某一专业发展过程的连续出版物要无间断地收藏,对因各种原因没有收藏的那一部分要设法进行补充,以保证其完整无缺。还应刻意保持交叉学科、边缘学科、新学科的文献在馆藏文献资源中占有一定的比例,以反映学科之间内在的横向联系,从而形成一个系统连贯、比例合适的完整馆藏文献资源体系。网络环境下,高校图书馆还应注意掌握和发挥印刷型文献、电子文献和各种网络文献资源的特点和优势,使其优势互补、协调发展,从而形成连续系统、完整统一的馆藏体系,为读者提供全面、系统、便捷的服务。

三、效益性原则

文献资源建设的根本目的是开发利用资源,使资源建设发挥出最大的使用效益。20世纪70年代,一些经济发达国家把经济学原理引入图书馆中,出现了图书馆经济学这门学科。高校图书馆馆藏文献资源建设同高校图书馆的经济效益密切相关,馆藏文献资源建设得越好,图书馆提供给读者的就是越完善、越有用的文献资料,其发挥的社会效益同馆藏文献资源的建设程度成正比。[①]

效益性原则是高校图书馆馆藏文献资源合理构成和配置的重要依据,馆藏资源的利用率是馆藏资源使用效益的最佳体现。高校图书馆应掌握不同层次读者的不同需求和需求变化,根据资源利用情况,及时合理调整资金投向,尽快实现资源共享,以提高文献资源的使用效益。

四、发展剔除原则

新陈代谢是一切事物生存发展的客观规律,高校图书馆作为一个向读者和社会开放的系统,其馆藏文献资源本身就是一个动态系统,是一个新陈代谢的过程。

20世纪80年代"零增长理论"开始被介绍到我国,对以后国内高校图书馆文献资源建设的改革起到了积极的作用。发展剔除原则就是要求高校图书馆深刻认识"零增长理论"中所包含的积极意义,围绕高校学科建设和教学科研全面发展这个中心,努力去探索一条从总量控制(对馆藏发展规模进行有效调控)入手来提高馆藏管理水平的途径。重视藏书剔除工作,通过优化馆藏结构、调整藏书布局、整合藏书空间等有效手段来保障馆藏文献正常的新陈代谢和动态平衡,努力实现新时期高校图书馆低增长、高效益的文献资源建设目标。

---

①林水秀.高校图书馆资源建设与管理研究[M].长春:吉林大学出版社,2016.

五、协调共享原则

协调共享原则即分工合作、资源共享原则。在书刊价格上涨、文献资源爆炸性增长的今天,任何图书馆都不可能也没必要收全所有文献,应采取自我保障模式。这就需要高校图书馆与其他图书馆联合,或积极参加地区、系统及全国性的文献保障体系建设,如全国高等学校文献资源保障中心(简称 CALIS 中心)、国家科技图书文献中心(简称 NSTL)等,走"整体规划、合理布局、优化结构、相对集中、互补共享"之路,建立学科、类型、地区有机结合,整体与层次互为补充的文献资源保障系统,在该系统中各高校图书馆分工承担文献资源的收藏,通过文献传递、馆际互借等方式实现资源互补与共享,缓解高校图书馆来自经费和场地等方面的压力,发挥高校图书馆的整体优势。

第三节 高校图书馆信息资源建设的问题

纵观高校图书馆信息资源建设的理论研究和实践活动,明显存在着一些制约信息资源建设整体发展的不利因素,其中最为关键的问题是在高校数字图书馆建设中如何解决时刻面对的版权之争。为了从根本上认识和克服信息资源建设的难点,以下将就此展开全面讨论。

高校数字图书馆建设中所面临的版权之争,已成为高校图书馆信息资源建设中的第一大瓶颈问题。数字图书馆建设是图书馆依托社会信息网络组织和利用知识信息内容的核心模式,包含着信息资源生命的全过程,即信息的生产、加工、存储、检索、传递、保护、利用等,是信息技术不断发展并在图书馆高层次应用的必然结果,是图书馆事业划时代的深刻革命。当前,图书馆普遍开展的信息资源数字化建设(包括馆藏文献资源数字化建设、特色数据库建设、网络信息资源的组织与管理等)以及信息资源的共知、共建与共享活动,都应属于数字图书馆建设的范畴。不论是图书馆界,还是教育、文化、信息和网络技术界,甚至各级政府和各个行政事业单位,都对数字图书馆建设投入了极大的热情,认为信息资源的数字化是知识经济整个发展过程中不可或缺的基础资源,是未来科技与文化的催化剂,是评价国家信息竞争力的重要指标。

但是,数字技术在迅速提升图书馆文献信息收藏能力、文献信息加工能力、文献信息传递能力、文献信息服务能力的同时,也大大改变了图书馆传统的工作对象、方法、途径和模式,引发出一系列新的版权问题。例如:在数字环境下,图书馆合理使用具有版权信息的范围与标准是什么,数字化图书馆将馆藏数字化后在网上发布,是否涉及版权人的再次授权,如何认识数字图书馆建设中所涉及的版权问题以及数字版权对图书馆形成的制约,如何正确看待图书馆在现行版权法中享有的权利和待遇,如何做好数字图书馆版权问题的协调和实施版权保护对策?诸如此类的版权之争,正在成为各国立法机关面向网络环境制定或修订版权法所必须考虑的内容。然而,国内外目前的研究大多局限于讨论数字图书馆技术突破对传统著作权的冲击,有关数字图书馆信息资源建设中涉及的版权保护研究较为薄弱,尤其是从图书馆角度并结合数字图书馆特点来研究其对版权法制及管理影响的成果尚较缺乏。为此,笔者试图就这些开展讨论,以促进高校图书馆信息资源建设的有序化发展。

总之,数字图书馆建设以及数字版权是高校图书馆信息资源建设的重要问题,本节将围绕数字图书馆建设中版权问题的实质、数字图书馆的法律地位和数字版权对图书馆信息资源建设的制约进行阐述。

一、数字图书馆建设中版权问题的实质

版权制度的宗旨,是保护版权人的合法权益,营造尊重智力成果的社会氛围,鼓励权利人创作既多又好的精神产品,构筑有助于作品传播利用的法律机制,促进科学文化事业的繁荣。然而,版权理论中始终存在着既保护权利人对作品的独占权利以承认其智力劳动价值,

又要使作品得到有效传播和利用以充分造福于社会的矛盾。化解矛盾的着眼点是权利人和社会公众的利益平衡，这是版权制度的基石。版权保护的社会需要公平和法律支持的力度，取决于作品创作、传播、利用的效率与程度。平衡权利人与社会公众利益关系的核心，就是促使版权保护同作品创作的强度和频度、作品传播的速度和广度，以及作品利用的密度和深度相适应。

图书馆是最大的作品收藏、传播、利用的社会机构，有着多项合理使用作品的权利。在以印刷型文献为主要传播对象的环境中，图书馆对作品的传播方式是"由点到点"，图书馆把版权作品单向传递给特定读者，因而对版权人利益（或图书销售）不会形成太大的影响，版权制度得到较好的满足，权利人与社会公众的利益大致平衡，使权利人和图书馆"相安无事"。数字文献信息是数字图书馆的内容主体，其成型是以数字技术为支撑，依靠网络环境而存在。数字技术与网络技术有效地改变了作品创作、传播、利用的本来面貌，将作品的传播方式改变为"由点到面"，通过网络可以把同一部作品传递给多位读者，使不同的读者可以在其选定的时间和地点接收这些作品。这种关系，对图书的实际市场与潜在市场会产生极大的负面作用，使利益平衡状态完全被打破，出现利益失衡，直接影响到权利人与社会公众的可期权利和实得利益。因此，图书馆在数字化、网络化环境下如何坚持合理使用原则及正确行使合理使用权利，自然成为权利人最为关注和最为担心的焦点。尤其是图书馆在数字图书馆建设中充当着主角，并成为积极主张更多权利的对象，双方矛盾由此逐渐凸现，并呈现出尖锐化的趋势。

目前，对数字图书馆建设中版权问题的讨论主要集中在四个方面：一是数字化、网络化环境下合理使用原则的适用性；二是法定许可与图书馆活动的关系；三是图书馆实施文献数字化和利用数字化作品的授权机制；四是图书馆在数字版权保护中的自律性。认识问题和解决问题的焦点与关键，是合理使用原则能否在图书馆资源数字化建设中继续得到应用以及如何对数字图书馆版权做出新的界定和调整。

(一)数字技术对版权保护的影响

数字技术引发的版权问题,权利人利益因数字技术的应用受到的威胁似乎不言而喻,其原因是多方面的:一是数字技术使作品的复制变得方便快捷,复制件同原件的区别不再有版权价值,复制的实质性投入也越来越小;二是作品的使用方式更加灵活多样,权利人事先无法预料对作品的使用方法,版权保护的要求可能无法得到满足;三是数字技术的应用使侵权隐蔽性增强,侵权举证愈发困难;四是网络在扩大作品受众范围的同时,使得版权的某些专有特征(如地域性特征)逐渐弱化与淡出;五是传统版权制度中不适合数字技术的部分原则未及时修改,使权利人受到的侵权威胁大大增加。

为此,世界各国的版权制度一直追随着新技术的进步而发展,版权保护的客体不断增多,权利范围逐步拓宽,力度越来越大,目的是补偿新技术应用可能造成的权利人利益的损失。

(二)作品链中角色移位对版权保护的影响

创作、传播、利用、再创作等几个环节构成了完整的作品链。各环节的有机配合与利益平衡构成了对智力创作的激励环境。作者、作品传播者(包括图书馆)、作品利用者(读者)在作品链中充当着特定的角色,发挥着不同的功能和作用。在网络环境中,作品的数字化以及传播途径的网络化,会使作者、作品传播者、作品利用者三者之间发生角色移位,形成权利人之间新的利益冲突,影响到版权保护制度的实施。[①]

作者与作品利用者之间的角色移位表现为:在数字技术支持下,任何作品类型都可以脱离原来的形式而转换成统一的数字信息形式,每个上网者都可能通过运用背景声音合成、图形切割、图像变形、图文叠加等方法或应用对在先作品数字信息的抽样、筛选、分解、移位、合成等技术来达到创作新作品的目的。这种对在先作品的"借用",不仅

---

①严潮斌,李泰峰. 高校图书馆资源与服务体系建设研究[M]. 北京:北京邮电大学出版社,2015.

可以不留任何痕迹,而且可以使原作品同"借用"所产生的作品真假莫辨。

在数字化、网络化环境中,作品传播者和作品利用者的角色也会发生移位。在传统的出版发行管理体制下,作品的出版发行要经过出版社或某个机构审查批准,履行若干手续后方可进行。而借助于网络传播通道,人人都可能成为出版者,每个网络用户不仅可以通过网络直接发布自己创作的作品,而且可以把接收到的他人作品向特定或不特定的对象重发。网络发行使作品绕过了出版社与市场,规避了国家对作品的审查机制,给出版管理制度带来多方面的不良影响。网络环境中的作品传播速度、传播范围、受众数量是传统发行方式所无法比拟的,加之网络环境中作品特有的创作手段和利用方法,使作者、作品传播者、作品利用者的概念都发生了变化,每位网络消费者都有可能同时扮演作者、作品传播者、作品利用者等不同的角色,从而为侵权活动提供便利。

正是由于网络环境中作者、作品传播者、作品利用者角色功能的扩展和泛化,使侵权活动变得隐秘化,侵权纠纷变得复杂化,侵权冲突也日益尖锐化。

(三)数字图书馆运作特点对版权保护的影响

数字图书馆建设(或信息资源数字化建设)的运作过程由三部分组成:搜集具有较高价值的图像、文字、语言、音响、形象、影视、软件和科学数据等多媒体信息,组织规范性加工、保存管理和通过资源整合实施知识增值,最终在局域网或广域网上实施横向跨库连接和电子存取服务。其总体表现特点是收藏电子化、操作电脑化、传播网络化、信息存取自由化、资源共享化、结构连接化。数字图书馆的运作方式完全不同于传统文献资源建设,其过程的改变必然引起新的版权问题,对版权保护产生实质性影响。

高校图书馆处在这种数字化加工处理和网络传播服务活动之中,不仅本身利用作品的行为极易发生侵权,而且图书馆对读者利用数字化作品的具体行为也很难控制。对最终用户的侵权行为,国际上已经出现了要求网络服务商承担部分侵权责任的倾向,此类问题的确应该引起我们足够的重视。

二、数字图书馆的法律地位

数字图书馆的出现与发展,对版权保护产生了一定的影响。版权保护又促使图书馆避开涉及版权问题的原文献数字化而积极开展信息资源的高增值管理(即资源整合与开发)及增值服务。对于增值性资源的利用与服务,将涉及部分有偿服务的问题,这是否会影响到图书馆的公益性主体性质和公益性事业的法律地位? 合理解决数字图书馆的版权问题,首先必须明确数字图书馆的法律地位。或者说,数字图书馆的主体性质和法律地位,直接决定了其在版权制度中享有的合法待遇,也决定了版权法调整时采用的原则和方式,因而也影响着版权问题的解决方案。

(一)图书馆公益性服务的法律地位

图书馆的任务是传播知识信息,提高广大人民群众科学文化水平和丰富群众精神文化生活,促进社会公众整体创新素质的增强,推动科学文化事业的发展。"公益性"是图书馆的主体特性,是图书馆在现实社会中存在的必要条件,也是享受公益性事业法律地位的前提。这种地位,在联合国教科文组织的《公共图书馆宣言》及有关国家的相关法律中都得到了确认。

从图书馆和版权的关系来看,图书馆工作的意义和版权制度的宗旨基本一致,版权法的立法思想也构成了对图书馆保护的理论基础。黄先蓉博士在讨论图书馆维护版权法中发挥的作用时认为:第一,保护作者合法权益,调动作者创作的积极性;第二,协调作者、传播者之间的利益关系,促进作品的广泛传播;第三,鼓励公众利用作品,满足公共利益的需要,提高民族素质。从某种意义上讲,图书馆已成为版权制度的一种"均衡器",由于图书馆在作品链中所处的特殊地位,事实上起到协调权利人与读者利益之间关系的中介组织作用,这就是版权法对图书馆保护的实质所在。

为了保证图书馆实现其不可替代的社会使命,各国版权法都针对图书馆制定有合理使用的条款,又称为图书馆"豁免"或图书馆"例外"。合理使用决定了图书馆利用作品的无偿性和服务所遵循的原则,也是图书馆有着良好社会形象的重要支撑。

(二)网络环境中图书馆主体性质的变化

在网络环境中,图书馆的公益性主体性质和在版权制度中充当利益"均衡器"的角色受到数字技术的挑战,使人们对其公益性主体性质有了这样或那样的怀疑,对其能否继续发挥"均衡器"的作用产生了担心。造成这种状况的原因,除了上述原因外,还在于网络环境中图书馆功能的迅速拓展与服务的高度综合化。

的确,在数字图书馆建设的过程中,图书馆将利用自己的技术和人才优势、丰富的馆藏以及网上大量富积的信息资源进行资源整合与开发,形成资源增值,开展高层次知识型增值服务。按照版权法原理,图书馆对增值服务是可以收费的,即有偿服务。数字图书馆开展增值服务的能力和机会都远远超过传统图书馆。同时,图书馆自己开发的数据库、多媒体等作品,也将享有版权保护,并通过有偿授权方式提供使用(当然也可以是无偿授权使用)。增值性有偿服务和版权有偿使用,在数字图书馆整个服务中占的比例将会越来越大,对图书馆公益性主体性质产生一定影响,但影响程度尚无定论。但是,要求数字图书馆对所有服务项目一律实行无偿服务则是不现实的,这将影响数字图书馆的建设与发展。理性地认识数字图书馆发展中有偿服务与无偿服务之间的关系,合理平衡各权利主体的利益,妥善协调权利纠纷,或许就是解决数字图书馆建设中版权问题的根本出路。

(三)正确认识数字图书馆的法律地位

图书馆界对解决新版权问题的办法,是力求从公益性主体性质出发,主张把合理使用原则延伸到网络环境,并适当扩大,同时拒绝授权许可、法定许可等作品利用方式。这种认识无可厚非。图书馆作为面向广大社会公众服务的公益机构,如果仅仅出于保护少数权利人的利益而抛弃合理使用原则,受到损失的必然是社会的整体利益,这种得不偿失的做法并不可取。因此,公益性主体性质不能丢掉,任何时候都要把满足公众普遍需要的无偿服务放在第一位,对数字图书馆来说也应如此。

对于数字图书馆发展中出现的新的服务方式及其对公益性主体性质的影响,要给予充分重视和研究。在图书馆公益性主体性质发生某些移位的情况下,如果能采取更加科学的利益协调方法与途径,既能保护权利人正当的经济权益,又能打破网络条件下不合情理的权利滥用和过度垄断,减少作品利用过程中的阻滞,使更多的读者受益。这对权利人和读者双方利益的实现都是有利的,是图书馆"均衡器"的真正作用所在。

我们必须清醒地看到,图书馆的公益性主体性质不会在数字化时代消失,但在某些方面会有调整。解决数字图书馆版权问题,必须恰如其分地把握其主体性质和附属性质。有偿服务不妨碍图书馆公益性法律地位的存在,公益性主体性质不拒绝有偿服务,有偿服务和无偿服务在数字图书馆中将会相互配合,相得益彰。否定数字图书馆的有偿服务,不仅使图书馆的运行难以维持,更无助于版权问题的解决。

三、数字版权对图书馆信息资源建设的制约

版权保护的方式,就是赋予权利人控制作品传播方式的专有权,原有传播方式与传播技术都将逐渐被版权制度所吸纳和规范。网络传播同样进入了版权法所涉及的范畴,一方面出现了许多传统版权制度中不曾有过的新权利,另一方面赋予了原来传统版权制度中已有权利以新的内容,保护方式多样化,保护力度进一步增强。所以,数字图书馆发展在现行版权制度框架下举步维艰。严格说来,数字图书馆建设和绝大多数服务活动都和数字版权有直接或间接的联系,都将受到权利人专有权的限制。

(一)复制权

复制权是版权保护的基本权利,是版权诸权项中的核心权利,是指权利人能够对自己创作的版权作品进行复制和授权他人复制其作

品的专有权。在传统版权理论中,复制权作为最重要的权利,是权利人实现更广泛的版权权能的前提条件。权利人是因为控制了对作品的复制,才能够控制随后对作品的多种利用方式。在网络环境中,复制权的概念和法定限制呈现出许多新的特点,如复制件的不完整性、复制件的暂时性、复制行为主体的多元化、复制过程的自动性等。下载作品也是复制行为,图书馆进行网上信息资源采集时,对下载未发表的作品必须经过权利人的授权,对权利人明确宣布不允许下载的作品或片段,图书馆不得下载。图书馆下载作品的目的和数量,要符合版权法的要求,且不得对该版权作品的潜在市场造成大的影响。

在复制权的研讨中,还涉及一个"暂时复制"的问题。也可以说,暂时复制权的限制与否对数字图书馆建设具有非同寻常的意义,因为数字图书馆中数字浏览等常用的文献信息服务方式和暂时复制权密切相关。确切地讲"暂时复制"是指版权作品进入了计算机RAM,没有固定在有形媒体上而形成的可感知复制件。

显然,按照传统版权法原理,复制权无法包容暂时复制。但是,版权作品被"复制"进入计算机RAM是实现利用数字信息的基本步骤。虽然这种复制在理论上不能同传统版权法含义上的"复制"完全吻合,但用户利用暂时复制造成的瞬间信息传播确实起到了利用信息的效果。数字浏览本身并不构成对版权作品的"使用",而是浏览行为附带产生了对作品的"使用",即暂时复制。因此,暂时复制是否要受到复制权控制,目前还众说纷纭。

美国1976年的《美国版权法》将暂时复制排除在复制权之外,1995年美国白皮书和1996年欧盟颁布的《计算机程序指令》《数据库指令》又都将暂时复制置于权利人控制之下。最具权威性的世界知识产权组织(World Intellectual Property Organization,WIPO)专家委员会曾指出,有效地协调对复制权解释的唯一途径,就是承认暂时复制属于复制权范围,尽管最后形成的WCT和WPPT还是删去了暂时复制的内容。1999年,澳大利亚在《版权法修正案》中也规定浏览产生的暂时复制属于法定的权利限制。我国《中华人民共和国著作权法》第十条第五款规定:"复制权,即以印刷、复印、拓印、录音、录像翻录、翻拍等方式将作品制作一份或者多份的权利。"可见,我国《著作权法》规定的复制都是"长久复制",不包括暂时复制,暂时复制在我国现行版权制度内是合理的。所以,图书馆在向读者提供服务时,若只在屏幕上显示作品,没有形成永久性拷贝,就不是复制,不构成侵权。

从发展态势看,国际知识产权界正在逐步就"暂时复制属于复制行为"的观点达成共识,一旦"暂时复制权"得到国际版权条约的认可,势必严重削减数字图书馆功能的发挥。

(二)数字化权

数字图书馆是一个整体化的相互联合与协作、充分实现资源共享的服务网络体系。数字图书馆不仅能将网上信息资源纳入读者服务范围,还可将本馆馆藏文献上网传播利用。馆藏文献上网传播的前提是要对其进行数字化。那么,把传统作品数字化是图书馆可以随便进行的行为,还是属于权利人的专有权利,图书馆对传统作品的数字化行为是否应受到权利人的专有权控制?

依照版权法原理,权利人的财产权与作品利用方式是对应的。作品数字化的实质是增加了利用作品的方式,而这种利用方式又是网络环境中利用作品的唯一方式和必要条件。所以,从保护权利人合法权益的角度出发,应将作品数字化确定为权利人的一项专有权。

需要明确的是图书馆对传统作品数字化后产生的数字化作品是否受到版权法保护,其权利归属如何?从现行著作权法来看,一件作品要受到版权法保护必须同时具备"独创性"与"有形形式复制"两个基本条件。传统作品被数字化,实际上是将该作品以数字化代码形式固定在磁盘或光盘载体上,改变的只是作品的表现形式和固定形式,作品的独创性与可复制性不会由于其被转换成数字编码形式而丧失掉。所以,传统作品数字化后产生的数字化作品,仍然受到版权法保护。作品被数字化后的独创性没有发生变化,不产生新的作品,因此其后生数字化作品的版权属于原权利人,而不归属于图书馆。其中,权利范围包括发表权、署名权、修改权、保护作品完整权、获得报酬权等。

（三）向公众传播权

网络传输与数字化一样，都是网络环境中利用作品的新方式，同样受到权利人专有权的控制，图书馆把数字化作品在网上传输必须经过权利人授权。但是，对网络传输是适用"发行权"，还是适用"播放权"，在新《著作权法》第十条第十二款中，则增设了"信息网络传播权"，就是"以有线或者无线方式向公众提供作品，使公众可以在其个人选定的时间和地点获得作品的权利"。

向公众传播权利法律地位的确立，使权利人对作品传播方式的专有控制权延伸到网络空间，并能直接传播作品，行使邻接权。新的向公众传播权利对图书馆服务构成一种威胁，使图书馆无法充分利用新技术为读者开展各种数字化信息服务。如果不能从事基于网络环境和网络技术的作品传播服务，将使数字时代图书馆的功能开发受到全面压抑，最终阻滞数字图书馆事业的发展。

公共传播权除了阻止图书馆未经授权上载传播版权作品之外，还会对图书馆开展的数字信息"缓存"等服务活动起到负面影响。缓存是指将从某个网站信息源中获取的信息存储起来，以后需要相同的信息时不必再回到原来的信息源。被缓存的信息通常是暂时的，存储时间可能是几秒钟、几分钟，也可能是几天、几个星期，或者更久。图书馆开展缓存服务的目的，在于拉近读者与信息的距离，节约读者查找信息的时间，减少网络堵塞，并防止网上不稳定信息的稍纵即逝。被缓存的信息能够通过缓存服务器向读者开展进一步传播，因此图书馆利用服务器缓存信息并提供信息的行为就受到权利人公共传播权的控制。

对于印刷型作品，版权法强调了权利穷竭原则。所谓权利穷竭，是指作品的有形物体经合法化后，他人将合法取得的作品复制件再出售、出借、赠予、出租等，不再受权利人专有权的控制。对印刷作品实行权利穷竭原则的目的，在于限制权利人行使专有权，保护合法复制件持有人的所有权。然而，网络传播却与此不同，没有"权利穷竭"问题。无论是1995年美国白皮书,还是WCT和WPPT,都主张权利穷竭原则不延及网络环境。反之,如果适用权利穷竭原则,则对权利人利益的损害是非常严重的。如果图书馆对数字化作品的利用继续适用权利穷竭,把数字化作品像印刷型作品那样非经授权地外借给读者,那么图书馆购买的第一个数字复制件,就可能是权利人售出的最后一个复制件。根据这个道理,图书馆从网上合法下载作品仅仅是针对本次下载行为而言的,形成的复制件仍然受到权利人专有权的控制,未经许可不得将其向读者作新的传播。

有人认为,图书馆取得数字化权后,就可以把数字化后的作品上网传播,因为数字化和网络传输都属于作品的数字化利用,权利人既然授权图书馆对其作品数字化,就会自然而然地同意图书馆将其作品上网传播。其实不然,权利人授予图书馆数字化权,并不意味着同时授予了图书馆公众传播权,图书馆若把以传统载体形式存在的作品上网传播,必须先后或同时向权利人取得数字化权以及向公众传播权。

(四)公共借阅权

公共借阅权是指作者享有从图书馆出借的自己的图书中,按出借总次数获取版权税的权利,公共借阅费由国家专项拨款支付。保护作者的经济利益,激发他们的创作热情,是公共借阅权立法的基本意图。世界上大多数国家实行版税制,版税是作者最重要的经济来源。版税计算方法为:版税=图书定价×版税率×图书印数。显然,图书印数越多,销量越大,作者的收入就越多。由于图书馆通过公共借阅向读者提供了图书,借阅就变成读者购买图书的一种替代,致使图书市场缩小,作者经济利益相应有所损失。西方国家书价昂贵,读者多愿意去图书馆借阅或复印,美、日等发达国家复印价格往往不及原书价格的十分之一,公共借阅权自然就成为作者努力追求的目标。目前,英国、德国、澳大利亚、荷兰、瑞典、丹麦、芬兰、新西兰、加拿大等多个国家实施了公共借阅权制度,除个别国家将公共借阅权直接纳入版权法外,大多数国家均采用单独立法方式保护公共借阅权。

在网络环境下,公共借阅权不仅没有因为数字图书馆的产生而削弱,反而得到了加强。欧共体绿皮书指出,数字革命带来了大量新的技术手段,如资料的电子存储和传递,在图书馆的借阅过程中起着越来越重要的作用,如果没有恰当的法律保护体系,权利人就会因为新的使用方式与交流渠道受到伤害,好的做法是必须进一步加强权利人享受的权利,尤其是在公共借阅方面。目前,公共借阅权的保护范围正从印刷型图书向唱片、录像带、磁带、计算机软件、多媒体、数据库等作品扩展。美国虽然没有对公共借阅权立法,但是美国作家越来越多地要求收取"借阅版权费"。美国绿皮书认为,"按使用付酬"是放眼于未来的数字化网络环境下信息产品出版的原则,并试图将数字化作品纳入旧的版权框架。据报道,美国 John Wiley 父子公司从 1995 年起向二次文献出版者征收文摘和索引使用费,并被其他公司效仿。美国的 UNCOVER 公司对其作品采取了增加收费的新方式,读者向该公司索取检索到的文献原文时,除支付通信服务费外,还必须支付一定的版权费。有学者提出了"超流通"的概念,主张在所有数字化作品中安装使用费征收装置,使权利人能从每一次对作品的利用中都能得到经济回报。

我国目前没有针对公共借阅权立法,其原因为:一是与国外相比,书价虽然逐年攀升,但仍相对较低,购买图书还是许多读者乐于选择的消费方式;二是相对于庞大的人口数量,图书馆读者人次少,图书出借比例不高,公共借阅对图书市场没有构成大的冲击;三是我国主要实行的是标准稿酬制,不是版税制;四是公共借阅权管理复杂,图书馆的技术水平难以普遍做到;五是如果对公共借阅权立法,可能会影响作品的传播和利用;六是国家对图书馆的预算有限,担心如果实施公共借阅权制度,会减少图书馆的经费,不利于图书馆发展。

数字图书馆将是图书馆未来发展的趋势,数字图书馆建设也是图书馆目前积极运作的内容之一。随着图书馆自动化、网络化、数字化的速度发展,数字化作品也已成为最重要的馆藏类型。在其数字化资源建设与利用过程中,侵权行为与纠纷会不断增多,公共借阅权将是未来图书馆无法回避的问题。

中国作者历来"重义轻利",注重精神上的享受,希望作品能被更多的人利用与传播,新技术则使作品的传播速度与传播范围空前提高和扩大。随着作者知识产权保护意识的提高,必然会在得到精神满足的同时,追求物质利益上的满足,最终会拿起法律武器维护自己的合法权益,这方面的案例已屡见报端。所以,不管从保护知识产权的版权法来讲,还是从繁荣文化事业来看,实行公共借阅权制度利大于弊。

我国建立与实施公共借阅权制度还有一个同国际接轨的问题。加入WTO后,我国将在知识产权保护方面遵守《与贸易有关的知识产权协议》(TRIPS协议)。但是,该协议事实上主要体现的是发达国家的意志,使得包括我国在内的发展中国家的知识产权制度面临严峻考验。为此,国家对公共借阅权不会无动于衷,图书馆也不能临渴而掘井,应该未雨绸缪,开展积极的超前性研究。

第二章 高校图书馆信息资源分类

第一节 分类法的体系结构

一、类目体系的建立

类目体系是由众多的类目按照相互关系组织而成的类目集合。从理论上讲,类目体系的建立可以有两种方式:其一是采用归纳的方法,从一般到个别,根据个体属性的相同点集合成类,并按照这一方式,逐步将小类聚合成大类,建立起类目体系;其二是采用划分的方法,从总到分,从一组概略的类目出发,通过层层划分实现。不管是采用何种方法,结果是相同的,最终都是建立起一个依照层次、等级逐步展开的分类系统。

(一)类目的划分

类目的划分是指依据一定的属性对类目进行区分,生成一组子目的过程。类目划分是逻辑分类方法在文献组织中的应用,是类目体系建立的基本方法。

众所周知,文献分类体系是由众多的类目组成的。类目是文献分类体系的基本构成单元。类目,又称为类,是指一组具有相同属性的事物集合。在文献分类法中,通常是指一组内容性质上彼此相同的文献。例如,法律类是指以社会法律为研究对象的文献集合,图书馆学类是指以图书馆这一社会文化机构为研究对象的文献集合。类目是依据一定属性对事物区分和类集的结果,同时又是可分的。这是因为事物的属性是多方面的,同类文献之间在内容特征上既有联系,又存在着差异,因此是可以根据其属性进一步区分的。如可以根据法律文献涉及的国别,区分为中国法律、朝鲜法律、韩国法律、日本法律、英国法律、美国法律等;对类目的划分是可以连续进行的,如在各国法律下,可以进一步根据其内容对象所属的部门进行区分,得到宪法、行政法、财政法、经济法、土地法、劳动法、民法、刑法、诉讼法等一组类目;在各部门法律下,还可以依据法律文献的性质,进一步区分出法律理论、法律汇编、案例、解释、法律学习材料等。在这一系列划分过程中,用来作为划分依据的事物属性称为分类标准。分类标准决定产生何种性质的类目,规定着分类体系的展开。文献分类体系用以区分的事物属性,一般必须是文献的本质属性或显著特征,对文献具有一定的组织和揭示作用。这样,通过层层划分,就可以建立起一个逐级展开的法律文献的分类体系。

类目体系建立的过程中,类目的划分一般须遵守相应的逻辑分类规则:其一,每次划分只使用一个标准,一般不得同时采用两个或两个以上的标准,如法律文献在依据法律涉及国别区分时,就不能同时使用法律部门或文献性质的标准进行区分;其二,划分应该穷尽,使得划分后子类之和与母类相等;其三,划分后各子类应相互排斥,界限分明,类目之间不应存在相互交叉现象。

现代文献分类法,无论等级列举式分类法,还是分类组配式分类法,基本上都是依据文献内容的学科属性和其他特征,遵循逻辑分类规则建立的。其目的是根据使用需要建立起一个有层次、有等级的类目体系,使得每一种内容或特征的文献,都可以在这一分类体系中具有相应的位置,用户可以依据其需要,通过这一体系查检所需要的文献。比较而言,等级列举式分类法的类目体系是通过类表直接显示的,较为直观;分类组配分类法的分类体系则是隐含的,比较抽象。在类目划分过程中,等级列举式分类法由于类目展开受等级和篇幅等的限制,对类目的划分一般比较单纯,部分类目的展开往往存在着划分不尽和同时使用多个标准的现象;分类组配式分类法对类目的划分则比较充分,往往是按照范畴,多角度、多层次地进行的,对逻辑划分规则执行得也比较严格。

现代文献分类法的实践表明,一个实用、有效的分类体系建立的关键,是如何在基本大类或特定学科、专业下按照使用需要,以一致、可以预见的方式展开类目体系,这涉及分类标准的引用次序、类目的排列次序、类名的确定等各个方面。

(二)引用次序

在列举式分类法中,引用次序是指分类体系展开过程中,类目划分标准使用的先后顺序;在分类组配式分类法中,引用次序则表现为复合主题中不同分类组配的先后次序。如将"高等数学教学"这一主题按"高等教育—数学教学"的次序组配,是指分类体系把有关各级课程教学的文献按"各级教育—课程"的次序加以引用。

分类标准使用的先后次序,决定类目体系中复合主题的集中方式,是分类系统展开的中心问题之一。例如,上述引用次序,首先按学校等级对文献进行处理,可以在分类体系中将高等教育不同课程的文献集中在一起,但不同等级学校的数学教学文献,则是分散在各级教育之下的。相反,如果按"数学教学—高等教育"的次序加以组织,则可以将不同等级学校的数学教学文献集中在一起,但关于高等学校各门课程教学的文献,是分散在各门课程之中的。

在文献分类体系建立过程中,选择何种属性为分类标准以及按照何种次序加以引用,决定类目体系展开方式,对分类体系的性能有直接影响。如法律文献在根据其特征建立分类体系时,可以按国家、法律部门、文献类型三种分类特征进行区分,其引用次序不同,则分类体系的集中方式也是不同的。

一般情况下,文献排架以及目录工具需要确定一个固定的引用次序,在这一次序中,各个复合主题都有其确定的位置。实践证明,在某些领域,不同用户对象对引用次序的要求是不同的,单一的引用次序无法满足不同用户的各种需要,总有其不足。正如前面法律类的例子显示的,对于法律文献,普通用户习惯于对一国的各种法律进行查检、使用;专业研究人员则较多地从法律部门的角度对法律文献进行研究。再如,对于文学类文献,按照国别—体裁—时代进行组织比较适合普通用户的用书习惯,按照国别—时代—体裁则较符合专业人员的使用需要。因此,文献分类法的引用次序一般应根据文献单位的特点,按照多数用户的要求,有针对性地建立;同时可使用其他方式如索引、主题法等对被分类体系分散的内容从不同角度加以弥补。

(三)同位类排列

所谓同位类是指从同一个上位类区分出来的一组处于同等地位的子目。一组同位类,又称为一个类列。同位类排列是类目体系排列的一个基本内容,它决定着并列类目之间的排列次序,是类目体系保持逻辑性、系统性的一个重要方面。为了使分类体系中同位类的排列具有规律性、系统性和实用性,同位类排列一般均按照类目内容之间的关系和实用需要进行。常用同位类序列方法包括以下几种。

1.按时间先后顺序排

如将历史类子目排列成如下次序:上古史—古代史—中世纪史—近代史—现代史。又如,在冶金生产过程中,按操作过程序列:开炉前操作—开炉、配料—冶炼过程操作—炉前操作—高炉停炉操作。[①]

2.按事物化顺序排

即按照事物本身发展的客观过程和先后次序序列。如按照自然进化顺序序列生物学类目:古生物学—微生物学—植物学—动物学—人类学。又如,按照教育程度序列各级教育:学前教育、幼儿教育—初等教育—中等教育—高等教育。

3.按空间次序排

如按照空间分布位置序列太阳系行星:水星—金星—火星—木星—土星—天王星—海王星—冥王星。

4.按逻辑次序排

即按照从总到分、从一般到个别、从理论到应用的次序加以排列。如按照从总到分、从理论到个别序列工业经济如下:工业经济理论—

工业部门经济理论—世界工业经济—各国工业经济。又如，按照逻辑次序序列汽车工程的有关类目：汽车理论—整车设计—汽车结构部件—汽车材料—汽车制造工艺—汽车试验。

5.按惯用的次序排

即按照科学、教育中普遍采用，为人们所熟悉掌握的次序排列。如按照惯用次序序列群众运动类目：工人运动—农民运动—青年运动—妇女运动。又如，按惯用次序序列医药类目：中医—西医—内科—外科—妇科等各种专科—外国民族医学—特种医学。

6.按实用顺序排

即根据便利用户实际使用需要所确定的次序排列。如将各种语言排列为：汉语—我国少数民族语言—常用外国语—按语系区分的其他外国语言。

除采用上述常用序列方法外，为了加强类目排列的规律性、助记性，对相关类目的排列，一般均注意类目排列的一致性和对应性。例如，大型等级列举式分类法在对各国或各时代的类目进行列举时均尽可能与地区表、时代表的类目保持一致。各门类中划分特征相近的类目，在类目设置和排列上也尽可能采用一致或接近的方式。

（四）不同引用次序类列的排列

分类体系中类目的排列除了与同位类的排列次序有关，还涉及不同引用次序类列也就是分类之间的排列问题。类列之间的排列决定类目体系展开过程中的整体组织方式，对类目体系的建立具有关键作用。这一问题不仅在分类组配式分类法中十分重要，在等级列举式分类法中也同样存在。

类列的排列次序与引用次序既有密切的联系，又是存在区别的。它们的区别在于引用次序表示复合主题中组成成分之间的组配次序，排列次序则是指具有不同分类成分的复合主题在类目体系中的先后顺序，两者的含义是不同的。以一个按字顺排列的人名录为例，一个人名中姓与名之间的横向次序为引用次序，不同姓名之间的纵向次序，则为排列次序，可见引用次序并不等同于排列次序。但是，另一方面,在文献分类法中,引用次序与排列次序又是密切联系的。这是因为,排列次序要求在保持从总到分的逻辑次序的同时,按引用次序中最先引用的分类集中,并随着组配次序逐步分散在后分类的主题概念。要做到这一点,必须在类目的排列中与引用次序保持一定的关系。分类法的实践证明,分类体系中不同分类之间的排列,不是按引用次序一致的方式加以序列的,恰恰相反,为了达到上述目的,不同类列之间的次序必须严格遵循与引用次序相反的顺序进行排列。国外将分类法中类列排列的这一现象称为倒排序列。

(五)类名的确定

类名是文献分类体系中表达类目概念的名称,它规定类目的含义和范围,是分类语言中表示类目概念的同汇单元。文献分类法的类名通常使用单词或词组,用以表达学科、专业、事物、对象及其方面等。如物理学、半导体、摄影技术等。此外,在等级列举式分类法中,还常常会出现由几个内容上存在着联系的学科或涉及事物的方面、操作等的短语组成的类目名称。如高压与高温物理学、分子的性质及其测定等。类名在分类体系中通常只起表达该类目含义的作用,但由于现代类表常常在类目体系的基础上,通过机械处理直接编制类目索引或叙词表,因此对类名控制的要求正在变得越来越严格。一般认为类名的选择具有以下要求。

1.科学

类名应使用能准确反映其含义,被广泛接受的名词术语,语词严谨、明晰、完整,一般不再同时收入其同义词、近义词、俗称等。近年来,为便于通过计算机转换直接编制对应的叙词表或索引的需要,一些现代分类法往往同时有选择地收入一词的各种同义词等,但多数分类法对收入类表的语词数量仍有较严格的限制。

2.简明

所使用的词汇应简短、明了,尽量使用精炼的术语,避免冗长、拖沓。在列举式分类法中或按倒排方式编制的组配式类表,通常均略去子类或子分类的上位概念,只记录区别于上位类的子类的概念,其表述的含义必须结合其上位类的概念加以了解。

3.确切

语词应能准确反映类目的内容含义,贴切揭示类目概念的内涵和外延,避免使用模棱两可、词义含糊的词。使用类名无法确切揭示类目范围时,应通过类目注释加以补充说明。

从上面对类名的选择可以看出,由于分类语言中的类名并非标识,对词汇的选择以及同形控制的要求不如主题法严格。类目作为分类体系中的概念单元,其含义及关系是通过类目体系加以展示的,除了类名和必要的注释外,对分类体系中类目的含义及同间关系的控制,主要是依靠类目体系的系统展示,通过类目的从属、并列、相关等方式来加以揭示的,必须结合对类目之间关系的了解加以把握。

(六)类目之间的关系

分类法是由成千上万个类目组成的,这些类目都不是孤立的,彼此之间互相联系、互相交叉、互相渗透、互相制约,构成一个统一的整体,形成一个科学的体系。认识一个类目,不能只从类名着手,应从类目之间的关系,从分类法的体系中去把握。类目之间的关系包括纵向关系和横向关系两个方面。纵向关系揭示类目之间的等级,反映类目之间的亲缘关系,包括从属关系和并列关系;横向关系是指类目之间虽然不存在等级关系,但内容上互相关联,包括相关关系和交替关系。

二、标记符号

标记符号,亦称分类号,是文献分类法中用于表示类目的代号。分类号具有固定类目次序,显示类目之间关系的作用,是文献分类法的重要组成部分。文献分类法的类目体系是按照类目之间的相互关系确定的,但类目之间的关系类型多样,数量巨大,人们无法凭记忆来确定类目的相对位置。要使文献分类法成为一个实用工具,需要有一种符号系统来固定类目的相对位置,表示类目之间的相互关系。分类号就是这样一种辅助标识系统。使用分类标记是现代文献分类法充分发挥效用的基本需要。通过使用分类标记,可以将分类体系有效地用于组织文献收藏和建立分类检索工具。然而,分类标记的使用也会给类目体系带来限制。这主要表现在两点:一是类目体系一旦配置号码,就要受到号码的约束,不能随意改变类目的先后位置;二是如果配号方法使用不类目体系的扩充增补就有可能受到号码系统的限制,从而影响分类体系的发展。因此,分类号的配置应根据分类体系的特点和需要进行,并应力求将分类号对类目体系的限制降到最低的限度。

(一)分类号的要求

分类标记通常是由具有间定次序并为人们普遍熟悉掌握的符号系统,如数字、字母及相应的辅助符号组成。一般认为应当符合以下要求。

1.简明性

简明性即要求号码简短明了、次序清楚、易读、易写、易记、易于排检、易于输入电子计算机,适合实际使用的需要。文献分类法作为文献收藏和编制分类检索工具的依据。其分类标识是文献排架、借阅和归架的依据,须反复使用。如分类号冗长、复杂,必然会影响藏书组织和流通工作的效率。尤其是组织藏书排架,要求分类号码最好能标注在书脊上,号码简短是重要条件。

2.表达性

表达性指分类号不仅能表达类目的先后次序,而且能揭示类目的结构特点。结合不同编制方式的类目体系,类号的表达性大体有两种类型:其一,是能表达类目体系的等级性,揭示分类体系中类目的从属、并列关系;其二,能表达类目的分类结构,显示复合主题的组配成分。第一种主要采用层累标记制方式,适用于等级列举式分类法;后者一般采用分类标记制,适用于分类组配式分类法。标记的表达性有利于对类目体系结构的揭示,可以通过分类标识对类目体系进行等级显示、扩检、缩检以及组配检索等,但过分强调标记的表达性会使得号码变长、成分复杂,从而影响标记的简明性。

3.容纳性

　　容纳性又称扩充性,指标记系统能根据类目体系发展的需要,为类目体系的各种增补变动配予恰当的号码。标记符号的容纳性是由分类体系的动态性决定的。随着现代科学技术的发展,各种新科学、新事物、新问题、新方法不断涌现,人们对文献分类规律的认识也随之深化,使文献分类体系也处在不断发展变化完善之中,需要及时增补新类目,对原有类目体系进行各种修订、调整,标记系统应当能根据类目体系发展的需要,能在相应位置上,以相应的方式对任何类系、类列中的类目增补、插入和细分加以标示。加强容纳性的方法包括采用小数制、使用各种打破等级标记表达方式的灵活标记形式以及增设各种不同于原使用的符号系统的辅助符号等。

　　4.助记性

　　助记性即帮助记忆的能力。标记符号作为类目的代表,比较抽象。标记的助记性有利于加强号码的易用性,改善检索效果。使标记具有助记性的方法主要包括:对分类体系中同一含义的子目配予相同的号码;在复分或组配中以一致的辅助符号进行关系揭示;等等。

　　上述各种性质中,简明性、容纳性和表达性之间是存在冲突的。分类标记的设置,一般应在充分保证容纳性的情况下,根据分类体系的任务,处理好简明性与表达性的关系。

　　(二)号码种类

　　号码种类是根据号码组成成分,对分类标记进行区分的一种方式。按照号码组成成分,分类标记可以分为单纯号码、混合号码两种。由一种具有固定次序的符号系统组成的号码,称为单纯号码。由两种或两种以上具有固定次序的符号系统组成的号码,称为混合号码。单纯号码最常用的有数字和字母两种。单纯数字号码标记简明,易于排检,使用普遍,具有国际通用性,但基数较小,在使用表达性标记的情况下,下位类目的划分超过十个时,通常须使用两位数字表示一次划分,从而使号码变长。单纯字母标记基数大,对同样数量的类目进行标记时,可以使号码相对较为简短。在使用层累标记制的情况下,大多可以用一位字母表示一次划分,但字母标记的排检不如数字迅捷,使用也不如数字普遍,是其不足之处。相对而言,使用单纯数字号码的分类法较多;采用单纯字母标记的多为专业分类法。混合号码通常由数字、字母结合使用,目的是取长补短,同时汲取两种符号的长处。一般以字母标志基本大类或二级类,其余以数字为标记,必要时也可再做末端标记,采用字母标识。

(三)编号制度

编号制度是指为类目编配号码的方式,亦称标记制度。分类标记一般可以分为顺序标记制、层累标记制、顺序—层累标记制、分类标记制等基本类型。

1.顺序标记制

顺序标记制是一种只表示类目相对排列次序的编号方式,即按照类目在分类体系中的次序依次配予顺序号码,号码只表示类目的先后次序,不显示类目的等级或其他关系。这种标记制度可以根据类目数量较均衡地分配号码,标记简短,容纳性强,但不能揭示类目体系的结构,无法在机检系统中通过标记按等级显示机读文档。

2.层累标记制

层累标记制是一种能显示类目等级关系的编号方式。一般按照类目划分等级配置相应位数号码,即一级类目用一位号码表示,两级类目用两级号码表示,其余以此类推;同位类再顺序配予号码。号码不仅可以反映类目次序,并可以根据标记的位数判断出类目的等级。这种标记制度可以揭示类目的等级结构,能够在机械检索系统中通过标记逐级显示分类体系,但如类目划分等级较深,会造成号码过长。此外,同位类数量较多,超过号码的基数,如数字标记一次划分超过10个时,就无法严格按等级编号,必须采用一定的扩号办法,如使用八分法、双位制等解决。

3.顺序—层累标记制

顺序—层累标记制一种同时采用顺序和层累标记方式的标记制度。其目的是同时汲取两者优长,使标记既能具有较强的简明性和充分的容纳性,又能够获得一定的表达性。

4.分类标记制

分类标记制是一种能够揭示类目组配结构的标记方式。这种标记制度采用特定的符号或组配方式表示复杂主题各个主题因素所属的分类,使号码不仅能够揭示类目的次序和等级,而且能够显示类目的分类结构。常见的分类标记采用分段组合的方式,即通过分类符号的使用,使其成为一种由若干具有独立性的节段组成的分段组合号码,可用来进行轮排或以组配方式检索。

(四)标记技术

为了使标记系统在具有表达性的同时保持容纳性和简明性,分类标记一般还采用以下各种标记技术。

1.预留空号法

预留空号法即根据学科发展情况,在号码配置时,预先留下一些空号,供类目增补时使用。

2.八分法

八分法亦称扩九法,即在层累数字标记中,当同位类超过10个,不足18个时,前9位以0～8表示,在9后面用两位数字表示一次划分,用于解决同位类的号码配置问题。

3.双位制

双位制即在数字层累制标记中,同位类超过18个时,用两位数字表示一次划分,以解决号码的扩充问题。

4.借号法

借号法即在层累标记制中使用的一种灵活借用上位类或下位类的号码配置方法。通常在上一级号码较宽裕时,用上级号码标示下级类目,在下级类目超过10个时,根据情况,借用9以外的下级号码进行扩充或借用其他间级标记,使号码配置更加灵活。

5.字母标记法

字母标记法即在数字标记中,以类名的首字为标记,标示和排列下一级类目。此类方法一般只限于类表的最后一级类目。

此外,文献分类法中还广泛使用各种辅助标记,用于增加标记的灵活性、表达性。通过以上各种标记技术的使用,使标记体系具有更大的灵活性、适应性,使得分类标记可以根据类目体系发展和实际使用的需要,灵活地加以配置。

第二节 文献的分类和分类规则

一、文献的分类

(一)文献的分类的含义

1.什么是文献分类

分类是人类思维所固有的一种活动,是逻辑上的一种方法。它用以揭示各种概念之间的相互关系,即将性质相类似的事物归纳在一起,而将性质不同的事物区别开来,不然错综复杂的事物就没有头绪。

任何事物对象都可以分类。但不管对何种事物,在分类时都要做到两点:一是要有科学的依据;二是要有科学的序列。

文献分类的对象不是其他事物,而是文献。它是根据文献内容的性质,参照文献的特点,在具有一定体系的分类组织中给每种文献以相应的位置,并通过一定的类号来反映。这样便把内容性质相同的文献集中在一起,而把内容性质相异的文献区别开来,这就是文献分类。

文献分类是因为一个图书馆不论它藏有多少文献,都必须对文献加以科学的管理。只有这样,才能将文献的内容系统地提示出来,从而向读者宣传文献,提供读者检索使用。

当然,揭示和组织文献的方法是多种多样的。如何从文献各方面或著者方面来揭示。但是从文献所涉及的知识内容来揭示和组织所收的文献,是其中最主要的方法。因为读者使用文献,通常是为了获得某一门类的学科知识,比如需要查阅有关分子生物学方面的文献,需要了解激光技术在应用方面的进展情况等。这就必须按学科内容来查找文献资料,因此将文献按照学科性质分门别类地组织起来是最理想、最科学的方法之一。这就要对文献进行分类。

2. 文献分类的作用

(1)编制分类目录

文献分类的目的之一,就是为了编制文献分类目录。以使读者通过不同的知识门类来查找自己所需要的文献资料。能够方便读者,同时起到向读者宣传文献,推荐文献的作用。

(2)分类排架

文献分类的另一个目的,就是为了按照知识门类来排列所收藏的文献。因为分类排架既便于馆员按类熟悉文献,又便于馆员从架上直接取还文献。

(3)进行分类统计

文献分类还为图书馆统计工作提供了方便,因为按类统计是最能反映各类文献流通情报和采购情况的。没有分类统计,图书馆员就无法对图书馆工作进行深入细致地总结、研究。因此文献分类又是图书馆统计工作的基础。总之,文献分类在图书馆并不是可有可无的工作,而是完成图书馆方针任务,更好地开展图书馆其他方面工作所不可缺少的一个重要步骤和环节。

(二)文献分类法

文献分类法是依照文献内容、性质及其他标准分门别类揭示和组织文献的一种方法。主要表现为众多类目组成并通过隶属、并列等方式显示类目之间关系的一览表(即文献分类表)。它是编制各种文献分类检索工具、分类排列文献和进行文献分类统计的重要依据。

1. 文献分类法的类型

按编制方式,文献分类法可分为等级列举式分类法、分类组配式分类法和混合式分类法。按体系结构,可分为十进制分类法、展开制分类法和主题制分类法。按文献类型,可分为图书分类法、期刊分类法、档案分类法、专利文献分类法、标准文献分类法等。按内容性质,可分为综合性分类法和专业文献分类法。按使用对象,可分为大型图书馆分类法、中型图书馆分类法和中小型图书馆分类法。

2.文献分类法的用途

在文献信息的组织和管理中,分类法有许多实际的用途,具体体现在以下几方面。

第一,它将图书馆或者其他机构收集的文献排列成有序的集合,按类排列的文献可以从两方面帮助用户查找文献。首先,它可以帮助用户从庞大的文献集合体中快捷地找到所需文献的位置。其次,按照分类体系排列的文献还有助于用户发现与其需求相关的未知文献。

第二,分类法可以用来组织网上虚拟文献。20世纪90年代以来,互联网上的很多检索工具都采用这种方法,其目的是辅助用户按类查找相关资源。很多系统选用成熟的图书馆分类法作为分类依据,但也有些系统采用自己编制的分类法。

二、文献分类规则

图书分类是科学管理图书,方便读者查询利用的一种手段。为保持图书分类的一致性,需依据类分图书的标准,结合图书馆实际情况,制定规则,图书分类工作的基本规则是贯穿于整个过程中通用的原则和方法。

(一)基本规则

文献分类规则根据适用的范围可分为三个层次,即基本规则、一般规则、特殊规则。文献分类基本规则是指贯穿在整个分类标引工作中通用的原则和方法。在长期分类标引工作的实践中,人们为了避免分歧、减少错误,使分类方取得基本一致,总结文献分类标引的基本规律,概括成大家公认并共同遵守的若干规则,这就是文献分类的基本规则。制定和遵守文献分类的基本规则,是保证分类标引质量,为联机编目、联机检索、实现文献资源共享的必要条件,也为各图书情报部门制定文献分类提供了共同的依据。文献分类的一般规则,是指有关某种主题形式、某种文献类型的分类规则。文献分类的特殊规则,是指适用于不同学科门类的分类规则。

1.以文献内容的学科或专业属性为主要标准

这是文献分类中最重要的原则,也是与主题标引以"事物"为主要标准的基本区别。文献只有以内容的学科属性为分类的主要标准,才能把众多的文献纳入既定的科学(知识)分类体系,按学科或专业属性聚类,形成分类法特有的系统检索功能。文献的空间、时间、民族、形式(体裁)等特征是分类的辅助标准,只有按文献的学科内容分类不适用时,才能按文献的其他特征分类。

2.遵守所用分类法的规定

不同的分类法有不同的体系结构和分类规则,对于同一主题的文献,分类方法可能有所不同,《中图法》有特定的系统性和逻辑性,文献分类时必须体现分类法的系统性和逻辑性。分类法上、下位类的从属属性,同位类的并列属性,类目含义受类目体系限定的逻辑关系,总论与专论的处理原则等,都应体现在分类标引中。

3.专指性原则

文献分类必须符合专指要求,应把文献分入恰如其分的类目,而不能分入范围大于或小于文献实际内容的类目。只有当分类表中无确切类目时,才能分入范围较大的类目(上位类目)或与文献内容最密切的相关类目。该原则与文献分类表使用的版本有关。

4.实用性原则

文献分类标引必须使文献能"尽其用",即符合实用性要求。应根据文献的具体内容和实际用途(包括潜在的用途),结合图书馆性质、任务,在检索系统中提供必要数量的、切合实际需要的检索途径。对于涉及多个类目的文献,在分类标引时,应利用互见分类、分析分类等方法尽可能全面反映。若一个文献主题在分类表中设有两个可选择使用的类目(交替类目),专业单位可选用其中一个对本单位更有用的类目,一般图书馆或联合编目机构应选用分类表推荐使用的类目。

5.一致性原则

文献分类的一致性原则是指把内容相同的文献归入相同的类,这里既包括逻辑性原则也包括实用性原则。由于分类法结构体系、类目编列的复杂性,文献著述的多样性和内容的交叉性,分类人员对分类规则、类目含义、文献主题理解的歧义性,都会造成文献分类一致性的困难。除了从人员素质、规章制度方面加以保障外,各单位还要通过分类规范文档,把某类、某种难以确定类属的主题,人为地集中到某类,不要分散到各类中。

6.思想性原则

类分社会科学门类的理论文献时,应注意其政治思想倾向,对某些著作有必要进行观点区分时,可使用总论复分号予以区分,但不要扩大范围。凡属于不同学术观点、不同的道德观念的阐述,一般不予区分。[①]

(二)各种主题形式文献的分类规则

文献主题是概括文献中某一研究对象情报内容的概念。根据文献论述的重点,可分为主要主题和次要主题;根据文献论述的范围,可分为整体主题和局部主题。局部主题是检索意义的部分内容,根据文献主题的数量,可分为单主题和多主题。不同主题形式文献的分类,重点在于文献主题分析和文献分类基本原则的掌握,但不同类型的主题有不同的分类方法。

1.单主题图书分类

单主题图书指的是只述及一个事物的书。可分成几种情况,这类图书又分别有不同的规则。

第一,单主题书,按主题的学科性质归类。

第二,单主题单方面的书,按该方面的学科性质归类。

第三,单主题两个方面的书,按著作者的写作目的归类。

第四,单主题三个或五个以上方面的书,按主题的学科性质归类。

2.互见分类与分析分类

(1)互见分类(附加分类)

互见分类指一种文献除按其全部内容或重点内容进行分类外,再

---

①代根兴. 图书馆信息资源建设与管理研究[M]. 北京:北京邮电大学出版社,2014.

对其中的非重点内容,或因分类规则所限,没有得以揭示的其他整体性内容进行分类。需要做互见分类的文献主要有三种:一是文献内容具有多学科属性,二是文献中有若干个并列的主题,三是因分类法规定按某种形式集中文献,而不能揭示其学科属性的。

(2)分析分类

分析分类是指对文献的局部内容进行分类,如对整套文献中的某一种、对文献单元中的某一知识单元进行分类。

(3)互见分类、分析分类都是对文献整体分类的补充

互见分类、分析分类是提高文献分类标引深度的主要手段。由于一种文献从不同的学科属性或以不同的研究对象在分类检索系统中重复反应,增加了检索途径,可以使文献得到充分揭示和利用。大型图书情报机构和专业图书情报机构应尽量采用。

第三节 图书的分类和工作程序

图书分类是一项十分细致的工作,也是一种复杂的思维劳动过程,图书的分类和工作程序包括查重、分析图书内容、辨类等。本节笔者就图书的分类和工作程序中的查重、分析图书内容和辨别类目进行分析。

一、查重

(一)查重的定义

查重是图书分类工作的第一步。查重就是某种图书到馆之后,利用公务书名目录或计算机检索系统,检查它是不是第一次到馆的新书,是不是复本,是不是已购入图书的不同版本、不同卷册本,不同的译本,不同的载体形式,不同的装帧和价格等,然后根据不同情况加以处理。

查重能使不同时期购入的同一种图书归入同一个类目,同时也可

以把同一种图书的不同版本、不同卷册本集中在一起,防止一书两入,保证图书分类的质量,避免重复劳动,提高工作效率。

(二)查重后的不同处理办法

1.复本书的处理方法

什么是复本可以由各图书馆自定。一般是指同一种图书在图书馆的藏书中多于一份时,多余的部分称为复本。同一种书是指内容、出版、印刷等相同。改版、内容有变动或者增订本、影印本、评注本、特殊装帧、价格变动等,一般不能称为复本。

(1)复本书的处理方法

某种新购入的图书同以前购入的图书相同,所以不用重新进行图书分类,直接取原书的分类号码。不用重新编制书次号,直接取原书的书次号。在新书的书标处著录原书的索书号。

(2)同种书的不同装帧、不同价格的处理方法

分类号和书次号与原书相同,需要重新著录款目。

(3)同种书的不同版本、不同卷册本的处理方法

分类号和书次号与原书相同。在书次号中要使用不同版本,不同卷册区别号,还要重新著录款目。

2.新书的处理办法

需要类分的图书是首次到馆,按正常的图书分类程序进行分类。

二、分析图书内容

图书分类必须认真分析图书研究的对象和它的主要内容,学科属性和专业性质,是从哪几个方面,从什么学科角度进行研究的,掌握作者的写作目的和用途。分析图书内容可以从以下几个方面着手。

(一)分析书名

书名一般可以反映图书的内容性质,揭示图书的学科属性,对揭示主题有重要的参考价值。分析书名时,还可以分析解释书名的有关文字,因为这些文字是对书名的进一步阐释和解说,有重要的参考作用。书名是重要的,但不能单凭书名分类,因为有时书名不能准确或

直接反观图书的中心内容。

(二)阅读内容简介

内容简介是对图书内容的简明扼要解释,对图书内容的简要说明,是了解图书内容和主题的重要途径。

(三)阅读目录

目录是图书内容的纲领,它简要地反映图书内容的题材和范围,是认识图书的重要根据。

(四)阅读序言、说明和跋语

它们可以反映写作的目的、内容范围、编写经过,以及对该书的评价。

(五)浏览正文

以上途径仍然不能确定中心内容时,应把图书简要地看一遍,以便了解它所表达的主题、重点和学科属性。[1]

(六)了解作者和出版者的情况

在通常情况下,作者都有特定的专业范围,他的作品一般都是他所研究的专业内容,了解作者的专业范围,有助于对他著作的了解。出版者的情况也大体如此。

三、辨别类目

在分析图书内容,把握图书的研究对象和主题之后,就要到分类法中查找与其相符合的类目,选定需要使用什么类目。

选定类目就要辨别类目的含义,明确类目的性质,掌握它的内涵和外延,了解它同其他类的关系,把握它在分类体系中的位置,看它同图书的主题是否一致。辨别类目含义可以从以下几个方面着手。

(一)从类名辨别类目含义

在一般情况下类目名称可以表达该类的本质,界定它的内容和范围,规定它的内涵和外延,具有很强的专指度。

---

[1]赵洁. 高校图书馆信息资源建设研究[M]. 北京:海洋出版社,2018.

（二）从类目注释辨别类目含义

类目注释是对类目含义的进一步解释和说明，对类目内容范围的进一步划分，指示该类包含与不包含的内容，收什么不收什么，揭示同其他类的关系，说明该类的特殊编列方法等。

（三）从类目体系中辨别类目的含义

类目名称在多数情况下可以揭示类目的含义和范围，但有时一些类目不能完全做到这一点。不能只凭类名辨别类目的含义，还要从类目体系结构中把握某个类目的本质。

第三章 高校图书馆信息资源建设的采访工作

第一节 信息资源采访和文献采访概述

一、信息资源采访

(一)信息资源采访的概念

信息资源采访伴随着图书馆的产生而产生,顺应着图书馆的发展而发展,其定义和表述随着图书馆从藏书建设到信息资源建设的演变而发展。关于信息资源采访的表述,目前有多种叫法,如图书馆采访、图书选择、图书采购、文献收集、藏书补充等。不同的名称术语,有其特定的发展阶段与背景,对信息资源采访这种现象的解释也不完全一致。

1.藏书补充

苏联斯多利亚洛夫和阿列菲也娃的《图书馆藏书》以及我国吴慰慈和刘兹恒的《图书馆藏书》都将图书馆的文献采访归于藏书建设中的藏书补充。前者对"藏书补充"进行了定义,认为图书馆的藏书补充是指以符合图书馆任务和读者需求的出版物来建立藏书并不断地予以更新,也就是用最优秀的图书来充实它,并剔除丧失价值的出版物。

图书馆的馆藏文献是通过文献采访持续工作而不断丰富、积累和更新起来的。站在馆藏建设的角度,具体时期采访的文献相对馆藏文献整体是一个补充,从长期效应看,文献采访对馆藏建设起着主导的作用,将文献采访视为馆藏文献建设或者文献资源建设也就可以理解了。关于丧失价值的出版物的剔除是否归于文献采访工作值得商榷。因为对于文献实物的剔除,最有发言权的是流通部门。

2.选书与采访

美国阿瑟·柯利、多萝西·布罗德里克的《图书馆藏书建设》将文献采访归为选书和采访两个环节,认为选书应由专业人员,即图书馆员来完成,而采访可由非专业人员,即图书馆中的办事人员来实现,这里的采访主要指文献选择后的订购。

3.图书馆采访

学者顾敏在《图书馆采访学》一书中,对采访一词进行了剖析,认为图书采访已经包含了图书选择和采访之意,并将图书馆采访注释为:狭义的采访是指为建立图书馆馆藏而进行的收而有之的工作;广义的采访是指有关图书馆方面为建立馆藏所做的觅求、拣选与收取等工作。

4.文献收集

一般将文献采访这一现象归于文献收集,文献收集指图书馆及其他文献情报机构根据各自的目标和读者需要,选择文献并通过购买等多种方式获取文献,以积累和补充馆藏的工作。该书将采访这一词条归于文献收集的一种方式,定义为派遣文献收集人员外出采集和寻访。[①]

(二)信息资源采访概念的演变与发展

信息资源采访是图书馆信息资源建设的一部分,是信息资源建设的开端。信息资源采访的各种表述和概念发展,与信息资源环境和信息资源建设理论的演变与发展息息相关。

图书馆信息资源建设理论的衍生和形成,经历了从藏书建设到文献资源建设再到信息资源建设的演进和自我超越过程。同时,信息资源采访的概念,也经历了从藏书采访到文献资源采访再到信息资源采

---

①赵洁,王维秋. 高校图书馆文献采访理论与实践探索[M]. 北京:中国农业大学出版社,2016.

访的发展演变过程。

1.从藏书采访到文献资源采访

古代图书馆时期,图书是最主要的文献类型,记录方式以手抄、雕版印刷为主。古代图书馆的主要任务是去访求图书,尽可能多地收集图书,并讲究版本的精良和目录的详细。在这一阶段,藏书建设主要被称之为藏书采访或藏书补充,三者基本上是作为同义词使用,一直延续到近代。

随着科技进步和社会发展,近代文献不仅数量迅速增长,而且文献类型日趋多样。除纸质书刊之外,出现了大量的缩微资料、音像资料等非书资料。图书馆收藏形成了以纸质书刊为主、其他非书资料并存的格局,藏书的采访也从单纯图书的采访演变成多种类型文献的采访。

20世纪60年代末期,国内外图书馆界对"藏书建设"赋予新的定义,认为"藏书建设"是从藏书补充到藏书组织或典藏的全过程,包括搜集、登录、馆藏布局、排架、保管、剔除等众多的内容。到20世纪70年代,藏书建设的含义有了进一步的分化和延伸,并开始向专业化研究方向发展,已形成了较为完整的系统概念。此时,藏书采访或藏书补充作为藏书建设的下位概念而使用,其内涵从藏书选择与采集又引申到藏书的复审与剔除。

20世纪80年代以后,科学技术的革命和信息化时代的到来,图书馆所处的社会信息环境发生了重大变化,"藏书建设"概念的历史局限性也日益凸现。首先是出版业迅速发展,文献出版数量激增,文献增长与经费短缺、馆藏扩充与馆舍紧张的矛盾日益突出,单一图书馆的藏书建设越来越难以满足读者的全部需求。其次是文献类型与文献载体朝多样化方向发展,藏书类型突破了以纸本书刊为主的格局,向缩微资料、音像资料、特种文献资料、机读资料等载体类型扩展,将这些载体文献统称为藏书显然已不恰当。最后是藏书建设注重馆藏数量与规模的增长,造成了一定程度上的资源浪费和重复建设。图书情报机构之间开始探寻协调采购、合作藏书、资源共享等活动,来拓展藏书建设的实践领域。然而,藏书建设框架内的合作馆藏和馆际互借受客观条件的制约,开展效果并不理想。因此,图书情报理论界在完善藏书建设理论的同时,积极探索并创新性地提出了一个更加符合实践发展的、极富中国特色的新概念——文献资源建设。

所谓文献资源建设就是依据图书情报机构的服务任务与服务对象以及整个社会的文献情报需求,系统地规划、选择、收集、组织管理文献资源,建立特定功能的文献资源体系的全过程。其理论主旨是从整体的眼光,以协同的方法来发展社会文献资源,从全局的角度来进行宏观规划,合理布局,以期建立全国的文献保障体制,满足社会文献需求。

2. 从文献资源采访到信息资源采访

进入20世纪90年代以来,社会信息化进程加快。随着信息技术和网络的迅速发展,社会信息环境以及人们获取信息的载体形态、获取方式和传递手段都发生了很大的变化。文献资源与文献资源建设理论在新的信息环境和技术环境中的局限性已明显显现。

第一,现代图书馆赖以提供服务的资源基础,已不局限于传统物理形态的实体馆藏,各种形式的电子化或数字化的信息迅速发展并大量涌入图书馆,文献资源、数据库资源和网络信息资源成为图书馆信息资源的重要类型。相对于文献资源而言,数字资源的选择与采集方法不尽相同,文献资源采访难以全面描述信息资源的采访。

第二,文献资源建设强调图书馆拥有物理馆藏,主要关注载体意义上的文献。在网络环境下,图书馆的信息资源结构发生了深刻变化,单一的实体馆藏建设被实体馆藏和虚拟馆藏的复合建设所取代,图书馆信息资源建设包含文献型资源建设、数据库建设和网络信息资源组织与开发三大部分。文献型资源采访、数据库采访和网络信息资源采访构成了图书馆信息资源采访的主要内容。

信息资源建设与文献资源建设是包容关系,信息资源建设的外延和范围较之文献资源建设有了很大的扩展,信息收集的渠道与方式大大增多。因此,信息资源采访不仅包含文献资源采访的内容,还包括网络信息资源等其他各种信息源的采访,是实体信息资源采访和虚拟信息资源采访的结合。

(三)信息资源采访的研究内容

图书馆信息资源采访的目标是根据图书馆的性质、任务、用户需求、馆藏特色和经费状况,建立可利用的馆藏信息资源体系。要建立一个满足用户需求的优质馆藏,就要在调查评价馆藏现状和用户需求的基础上,进行信息资源采访工作的总体规划,确定馆藏发展政策,制定采访方针、原则和标准。同时,掌握信息资源出版与发行状况,按照信息资源采访的理论和方法,通过有组织地搜集、选择、采集和获取等方式,建立实体馆藏和虚拟馆藏有机协调、优势互补的馆藏体系。由此可见,信息资源采访的研究内容主要包括信息资源采访基本理论研究、信息资源采访依据研究、信息资源采访技术方法研究、信息资源采访工作组织模式研究、信息资源采访质量控制与评价研究、信息资源采访人员研究六个方面。

1.信息资源采访基本理论研究

信息资源采访理论伴随着图书馆的采访工作而产生,是各个时期信息资源采访工作实践和经验的概括和总结,是一般经验的提炼和升华。信息资源采访所涉及的基本理论,不仅包括"求书八法""购书三术""鉴书五法"、价值论、需要论等各种选书理论和采访思想,还包括指导信息资源采访工作开展的各种信息资源建设理论和基本理念,如藏书控制理论、信息资源评价和协调理论等。

2.信息资源采访依据研究

信息资源采访必须依据图书馆信息资源的长期发展策略和实施规范,依据所服务对象的信息需求、信息资源的出版发行情况、对现有馆藏的评估结果来开展业务活动。具体依据包括馆藏的性质、范围、发展目标和任务;信息资源采访方针、原则和标准,特别是各类型出版物和各学科信息资源的采选原则和标准;所服务机构和读者信息需求的调研分析和实施方案,读者推荐采购资料信息的收集与整理;对国内外信息资源出版方式、出版结构、出版信息、出版分布的分析与评价,对国内外信息资源发行方式、发行渠道的分析和评价;对现有馆藏状况和未来发展,以及采访工作的分析与评价等。

3.信息资源采访技术方法研究

信息资源采访的技术方法是开展信息资源采访工作、建设馆藏信息资源体系的基本手段。包括信息资源采访的方法与流程,文献信息源的收集方法,文献集中采购、征集、呈缴、调拨、赠送、交换等馆藏采集途径,合作采访与资源共享,文献采访工作自动化、网络化和新技术应用,文献采访与公共关系维护,等等。

4.信息资源采访工作组织模式研究

信息资源采访工作组织模式包括图书馆采访机构的设置形式和采访业务的组织模式两大部分。在采访机构设置方面,有单独设立文献采访部门,全面负责图书、期刊、数据库的采访工作;文献采访与编目合为一个部门;图书采访与期刊、数据库采访分别由不同部门管理;总馆馆藏发展部门和学科分馆共同承担采选任务等多种形式。在采访业务组织方面,有按文献类型组织文献采选工作和按学科分工组织信息资源建设的区别;在选书组织方面,有的组织专职采访馆员队伍承担全部馆藏发展任务,有的成立文献资源采访工作委员会和吸收图书馆读者参与选书,有的大力发展读者需求驱动采购模式主要依靠读者进行选书。

5.信息资源采访质量控制与评价研究

高校图书馆信息资源采访质量的形成是一个有序的系统过程,需要依据学校的教学科研需求和馆藏发展需要,从读者需求、信息资源出版、发行、采集过程以及馆藏利用评价等环节进行质量跟踪、控制和评价,使信息资源采访各个环节处于受控状态,保证采访工作的顺利进行和良性循环,保证馆藏发展目标的实现和馆藏体系质量的提升。

6.信息资源采访人员研究

信息资源采访人员,是图书馆信息资源采访任务的直接承担者和信息资源建设工作开展的关键要素。为了高效地开展信息资源采访工作和建设高质量的馆藏体系,图书馆必须培养和拥有一批具备较高素质和能力的信息资源采访队伍,担负起优质馆藏建设的重任。21世纪信息资源采访人员素质要求,主要包括信息素质、知识素质、业务素质、道德素质、法律素质和公共关系素质等各个层面。

(四)信息资源采访的基本任务

1.加强馆藏发展政策研究和编制

馆藏发展政策是图书馆以书面形式系统地确定本馆信息资源的长期发展策略以及具体实施规范的纲领性文件,它界定了馆藏的性质、范围、发展目标和任务,明确了参与信息资源建设各方的责任与分工,明确了信息资源采选的原则、标准和优先顺序以保证信息资源发展的一致性与平衡性,为图书馆规划信息资源发展、合理安排购书经费提供了基本依据,成为图书馆采访人员从事采访工作的指导文本和培训手册。因此,科学合理的馆藏发展政策是图书馆做好信息资源采访工作的基本保证。特别是在网络环境下,信息资源的类型和信息传播的途径发展迅速,加强馆藏信息资源发展政策的研究,制定涵盖纸本文献和数字资源的系统全面的馆藏发展政策,对于新信息环境下顺利开展信息资源采访工作尤为重要。

2.建设合理的馆藏信息资源体系

信息资源采访工作的首要任务,就是按照一定的原则和标准,为图书馆合理配置实体文献资源和虚拟网络资源,建立实体馆藏和虚拟馆藏协调互补的复合资源体系,形成图书、期刊、电子出版物、数据库和网络信息资源多元一体的馆藏格局。通过实体馆藏之间、虚拟馆藏之间以及实体馆藏与虚拟馆藏之间的统筹规划、合理配置、有机结合和互相补充,实现图书馆信息资源体系的结构优化和整体效益的发挥。

3.建设图书馆的特色资源

开展特色资源建设,形成特色鲜明的馆藏体系,是图书馆信息资源采访工作的目标任务之一,也是衡量图书馆信息资源建设水平的标志之一。特色馆藏建设是一项计划性强、周期长、繁杂的系统工程,图书馆应根据所在地区的历史、地理、政治、经济和科学文化发展的显著特点,根据本单位馆藏基础、特色和发展规划,根据文献资源保障中心的分工安排等实际情况,选择与突出某一方面的专业文献或专题文献作为馆藏特色,集中人、财、物等有利条件,综合运用各种建设途径和方法,建设本馆特色资源体系和开展特色服务。

4.推进采访协作与资源共建共享

随着文献信息总量的不断增加,加强采访协作,推进协调采购,促进信息资源共建共享,实现信息资源共同保障,已成为图书馆界的研究热点和衡量图书馆事业发展水平的重要标志。图书馆信息资源建设和服务的目标已由传统的提供给读者馆藏文献向帮助用户获取馆内外信息资源转变,通过拥有与存取并重、实体馆藏与虚拟馆藏协调、馆内资源与馆外资源互补的发展模式,促进图书馆馆藏体系和保障体系的最优化。这要求图书馆不仅要积极参与全国性、区域性或行业性的信息资源建设协作,还要加强本馆特色资源体系的建设,从而发挥图书馆的整体规模效应和优势互补功能,提高信息资源的社会保障率。

二、文献采访

(一)文献采访的定义

用文献采访这一概念来反映图书馆文献采访工作这一现象,必须面对三个问题:一是文献采访一词能否统括现行的各种说法;二是文献采访是否与图书馆其他专业术语相抵触;三是文献采访一词的准确定义是什么。

从现行关于文献采访这一现象的各种说法,如藏书补充、选书与采访、图书馆采访、文献收集、文献采访等比较来看,文献采访一词能够涵盖其他说法。首先,图书馆采访工作的对象已不是单一的图书,而是各种文献、图书文献中的一种。其次,根据汉语词典的解释,采访一词具有选择、搜集、寻访、收取等含义,因而采访一词可以包含文献的选择、搜集等意义。最后,在图书馆的行政组织中,文献采访工作是采访部或采访编目部负责实施的。文献采访一词与行政管理部门相一致,在图书馆工作中已成常用名词。总之,用文献采访来表述文献采访现象,在当前的各种说法中是优化的,也是合情合理的。

文献采访在图书馆学的专业术语中,相并列的有文献分类、文献编目、文献流通。文献采访具有明确的专指性,与其他术语不冲突,在使用时也不会产生歧义。

文献采访的定义要简洁、完整、准确地概括和揭示文献采访现象。那么,文献采访这一现象的关键点何在呢? 文献采访行为的实现,四个要件必不可少,分别是行为主体、行为目的、行为对象、行为方式。也就是说,文献采访应该问答谁在采访、为何采访、采访什么、怎样采访。

1.谁在采访——图书馆采访

这就指明了文献采访是图书馆的一项工作,文献采访是图书馆专业名词,文献采访的主体是图书馆。

2.为何采访——为建立馆藏

这就揭示了文献采访工作的目的。这里强调一个"为"字,是要将采访与馆藏有所区别。文献采访为建立馆藏提供必要的条件,但两者并非完全等同。馆藏的建立还需对采访的文献进行加工、组织、保存和保护等。

3.采访什么——采访文献

这就指明了文献采访工作的对象是文献。用文献而非出版物来表示采访的对象,一是和文献采访一词相吻合,二是更能反映文献采访工作的实际情况,三是更易被非专业人士所理解。

4.怎样采访——选择、获取等

这就揭示了文献采访工作的方法。用"选择"与"获取"搭配,是因为"选择"含有"觅求""采集""收集"等意义。在采访工作实践中,一般是先选择文献,而后再获取文献。选择是对图书馆需要的文献进行挑选,获取是利用各种方法获得选择的文献。

(二)文献采访能力

图书馆文献采访能力指图书馆采访满足图书馆发展所需文献的

能力。图书馆发展的内容是多方面的。一般而言,文献采访对图书馆发展的应有贡献主要表现在三个方面:一是通过文献采访工作,使图书馆不断地满足读者对文献信息的需求;二是通过文献采访工作,使图书馆不断地充实和完善馆藏文献结构;三是通过文献采访工作,使图书馆的无形资产随有形资产的积累不断得到提升和增值。能力通常指胜任某项工作和任务所需要的主客观条件。图书馆进行文献采访工作时必须具备一定采购条件。由于各馆的具体情况或者条件不同,其文献采访能力也不相同。

文献采访能力是图书馆的一项重要指标,它反映着一个图书馆是否有活力,反映着一个图书馆的发展状况。文献采访能力也是一种综合能力,受图书馆内外环境的制约和影响。

1.经费保障能力

图书馆的文献采访主要是金钱与文献的交换。一定的经费是采访工作得以进行的先决条件。理想化的经费供给是图书馆需要多少就给多少,但这在实际中是办不到的。图书馆的文献资源属于社会资源,其配置受到社会经济、文化、科技、教育等多方面的制约。就目前而言,无论是发展中国家还是发达国家,图书馆获得的投入与图书馆需求之间都有或大或小的差距。考察一个图书馆的经费保障能力需要综合考虑经费供给量、经费来源和经费的使用三方面因素。

(1)经费供给量

一个图书馆的文献购置经费少了自然不好,购置的文献难以满足读者的需求;但过量的购置经费也不好,因为有可能造成资金的浪费。一般来说,判断一个图书馆文献购置经费是否充足多是用比较的方法,如比较本馆历年文献购置经费的供给情况;比较同类型同规模的图书馆经费供给情况;比较书刊历年价格变动情况;比较历年到馆文献数量等。

目前,就国内图书馆界看,图书馆的文献购置经费出现了两种极端情况外,一般都处于短缺状态。原因主要是文献价格上涨幅度过大,文献品种和数量增长过快,经费供给增幅滞后。

说到经费供给量,必然要考虑图书馆的经费需求。每个图书馆由于其服务功能、服务对象、服务范围的区别,其文献购置费的需求也是不相同的。人们在谈论经费供给的时候,采用对比的方法无可厚非,但这种方法多是粗放式的,缺少科学的成分。一个图书馆每年需要多少文献购置经费,不能仅靠比较和估计,而是要依据图书馆的具体情况进行分析。这种分析应该考虑到:①年度文献购置费是否能保证本该馆藏文献的连续性和系统性。②年度新增文献是否能满足本馆读者70%以上的文献需求。③年度文献购置费是否与本馆文献采访工作量相匹配。④年度文献购置费是否能满足本馆服务功能需要。

（2）经费来源

图书馆的经费来源有多种渠道:①政府财政拨款。②主管部门拨款。③社会捐赠。社会捐赠有个人捐赠和社会团体捐赠两种形式。④自筹经费。

图书馆的经费来源确定以后,经费保障能力的考察指标就是经费供给量是否稳定。图书馆的文献购置经费都是按年度拨款,理想的稳定供给是随文献价格涨幅和文献采访数量的增加而稳定增加。然而,由于我国图书馆大多属于各部门所有,文献购置费主要由各主管部门拨给,拨款额没有统一的法规加以规定。虽然各系统图书馆在系统内部产生过一些法规或约定,对本系统图书馆的经费投入做过一些协调和规定,但由于权威性不够,其约束和保障能力很有限。从宏观上看,图书馆的经费供给很不平衡,全国存在着地区差异、行业差异。从微观上看,图书馆经费来源受多种条件的限制,人为因素突出。

经费供给量的不稳定,给文献采访工作带来很大损害。供给量突然减少时,造成文献采访员的减少,损坏馆藏文献建设的连续性和结构完整性;供给量突然增大时,造成文献来访工作质量的降低,使无效采访的文献增加,造成资金的浪费。

（3）经费的使用

考察一个图书馆经费保障能力的另一个重要方面是经费使用的合理性。图书馆采访文献大多不是采访单一类型的文献,而是采访多种类型的文献。这就涉及经费的计划使用,经费对各类型文献的投入比例,以及经费使用的审计和监督等问题。

经费使用状况,各馆因自身的情况有所不同,但总的来看难以令人满意。这主要是因为当前图书馆界消费意识强、效益意识差、服务意识淡和粗放型的经验式管理,经费的下拨和使用都缺少约束机制。有的馆在申报经费时,缺乏科学论证,盲目扩大需求;在使用经费时,则随意支出。缺乏审计和监督。结果,钱花出去了,文献资源建设却没有多少进展。管理和使用好文献购置经费,把钱用在刀刃上,应加强以下三方面的工作。

第一,科学决策。决策在文献采访过程中非常重要,文献采访过程其实就是不断进行各种决策的过程。文献采访中的决策按照决策先后、决策层次、决策大小可以有不同的划分。但最为重要的决策是文献购置经费的使用和分配。这种决策关系到一个图书馆文献资源建设的发展趋势和文献服务的方向。例如,一个图书馆收藏文献以电子出版物为主,那它的文献购置经费将向电子出版物倾斜;一个图书馆收藏文献以纸质文献为主,则它的文献购置经费将主要使用在纸质文献上。

在文献购置经费分配使用决策时,既要关注当前读者的需求,又要考虑图书馆的发展方向。对于加入图书馆网络的还要考虑本馆在网络中的责任。尤其在当前复合式图书馆的建设过程中,要保持和发展本馆的馆藏特色,加强社会文献的保障能力。

第二,合理计划。图书馆的文献购置经费不是一次性用完的,一般是以年度为限,随文献采访的不断进行而不断消费。这就要求图书馆依据文献的出版发行状况,把握好经费的使用月度、季度等计划和安排,以保证文献采访的连续性和经费使用的合理性。对于有一定规模的图书馆来说,在制定文献购置经费的使用计划时,应注意几个优先,如连续出版物要优先于非连续性出版物,长效文献要优先于短效文献,重点品种要优先于非重点品种,反映图书馆特色的文献要优先于非特色文献等,要确保本馆文献采访工作的持续性和收藏文献的连续性,避免全年经费半年用完,以及突击采购、突击花费等现象,以保证经费随采访的进行均衡供给。对于重大采访项目或者影响到正常采购状况的经费消耗,可申请专项经费加以解决。

第三,严格审计。图书馆每年的文献购置经费少的几万元、几十万元,多的几百万元、上千万元,这些经费的使用状况如何,效果如何,存在什么问题等,需要通过审计来回答。

2.管理保障能力

管理指为实现目标而组织和使用各种资源的过程。文献采访是图书馆进行的有目的的活动,它涉及多种因素,如经费、采访人员、出版商、出版物等。文献采访也是一个过程,有多个环节和程序,如检索、采购、验收、报销等。为了实现图书馆文献采访的目的,必须进行有效的管理,通过管理来规范和约束采访行为,提高文献采访的效率。可以说,一个图书馆文献采访能力愈强,其管理保障能力也愈强;管理能力愈差,其文献采访能力也愈差。

图书馆文献采访工作管理涉及许多方面。从宏观来看,除了前面提到的经费管理外,对文献采访能力影响较大的因素是机构与人员、政策与制度和工作环境。

(1)机构与人员

文献采访在图书馆工作中处于龙头性的重要地位。每个图书馆不论大小,都要设立相应的采访工作部门,配备适合的采访工作人员。对于采访工作量大、采访文献品种多、专业性强的图书馆应设立采访委员会—采访部—采访馆员三级管理体制。必要时还应设立文献采访咨询委员会。采访委员会负责全馆采访工作重大问题的决策;采访部负责全馆采访工作的实施;采访馆员负责具体的采访工作。

目前,各图书馆文献采访机构的设置不尽一致,主要是因为各馆采访工作的实际情况不同。总体来看,也有对采访工作重视程度不够的原因。例如,对于大多数中小图书馆来说,有的没有设立专门的采访机构,有的甚至没有专人负责文献采访工作,有的图书馆设置了采访编目部,负责文献采访和编目工作。

在人员的配备上,不能只注意采访人员的体力支出,而忽视采访工作人员的智力投入。实际上,在商品流通非常便捷的环境中,文献采访馆员智力投入的重要性和投入的时间要远远大于体力的付出。

(2)政策与制度

政策和制度是文献采访工作程序化的重要保障。图书馆的馆藏文献不是散乱无序的堆积,而是有目的的不断增长的有序的文献集合体。馆藏文献建设的目的性、有序性,决定了文献采访的目的性、有序性;也就是说,一个图书馆要搞好馆藏文献建设,首先要明确文献采访的方针和政策。文献采访工作有多道程序,采访者在工作中既接触钱又接触物。要使文献采访工作流程合理,行为规范,就必须制定健全的规章制度。

完善合理的文献采访政策和制度是图书馆文献采访工作科学化、规范化和制度化的必要条件。目前来看,这方面的工作在图书馆采访工作实践中还是很薄弱的。主要表现是:一些图书馆没有一套完整的文献采访政策和制度;一些图书馆由于人员的更替,对已经制定的规章制度既不了解,也不执行;一些图书馆的文献采访政策和制度的修订不能与时俱进,不能跟上时代的变化。

(3)工作环境

文献采访工作与图书馆其他各项工作比较,具有其自身的重要性、复杂性和多样性。说其重要,每年有大量的资金从采访人员的手中支出,大批文献由采访馆员手中采入,资金投入的价值如何,采访馆员行为起着重要的作用。说其复杂,每一种文献从发行信息的收集到采访进馆,经历了多种决策和多道程序。说其多样,采访者在选择文献时,以学者的角度,体现着对知识的把握;在购买文献时,以经营者的角度,体现着经营的理念;在与社会各个方面的联系中,以社会工作者的态度,体现着公关与沟通的技巧。从管理的角度出发,要搞好文献采访工作,不仅需要合理设置采访机构和人员、制定和完善相关的规章制度,而且还需要一个优化的工作环境。

文献采访者的工作环境涉及文献采访活动的各个方面,从"以人为本"的管理理念出发。这种环境主要指对文献采访工作者的约束机制和激励机制。对文献采访工作者加强约束是因为他承担的责任和面对的市场条件。文献采访经费是国家、社会对文献资源建设的投资,图书馆文献采访者是这种投资的代表或经办人;同时,文献采访者又是读者群体的代表,采访者要代表读者的利益来采访文献,使这种投资和消费相吻合是采访者应尽的责任。要尽到这种责任,既需要采访者的自觉行为,又需要建立相应的约束机制。建立一套约束机制能够有效提高采访人员的思想、道德水准,提高采访人员的工作能力,规范采访工作的行为。

图书馆对文献采访者行为的约束机制包括:不断地对采访者进行思想道德和职业道德的教育;使采访者牢固树立为读者服务的思想;制定相应的规章制度,如资金支出和报销制度,约束和防范采访者在经济活动中的违规行为;建立文献采访工作的评价体系,促使采访者不断提高自身的采访能力和工作水平等。建立一个有效的激励机制是图书馆优化文献采访工作环境的重要方面。图书馆的各项工作中,文献采访工作有着许多特点,如工作头绪多、涉及面广、随机决策频繁、文献选择的模糊性、工作量的不确定性等。针对采访工作的这些特点,营造一种环境,使采访工作者充分发挥主观能动性,会对图书馆文献采访能力的提高起着积极的作用。

图书馆对文献采访工作的激励机制包括:对采访工作的成绩给予肯定和表扬;对采访工作者的工作条件尽可能加以改善,配置各种必需的文献采访工具,以提高采访工作者的工作效率;对采访人员给予关心,解决采访工作者的后顾之忧等。激励机制要使采访者保持一种积极向上的精神状态,不断提高采访工作水平和采访工作质量。

3.采访者工作能力

当图书馆的文献采访条件具备一定的水平之后,采访者的工作能力就是关键因素了。图书馆的经费保障能力、管理保障能力是文献采访工作的客观条件,而文献采访者的工作能力则是采访工作的主观条件。只有当主、客观条件同时满足了图书馆文献采访工作的需求,才能体现图书馆具备了较强的文献采访能力。

现代社会,随着知识爆炸和文献载体的多样化,图书馆对文献采访工作的要求越来越高。作为文献采访工作者来说,必须具备相应的素质和能力,才能适应现代图书馆的要求。对文献采访工作者能力的要求是多方面的,从文献采访工作的专业特性来看,采访工作者应具备以下工作能力。

(1)信息收集能力

文献采访活动是不断决策的过程,每选择一种图书,就是一次决策。要使决策准确有效,就必须掌握相应的足够信息。为此,文献采访工作者的信息收集能力就显得十分重要。文献采访者应掌握的信息主要有三大块,即出版发行信息、读者需求信息和馆藏文献信息。要获取这些信息,采访人员就要走出办公室,到出版发行部门去获取,到读者中去征询,到文献流通部门去了解,到书库去调研。信息获取之后,还要对信息进行分类、筛选、分析、判断,选择真实可靠的信息作为决策的依据。文献采访工作所需的信息是动态的、不断变化的,这就要求采访人员不断提高文献信息收集的能力,进而提高文献采访决策的目的性、准确性,减少盲目性。

(2)知识的理解能力

采访是对文献也就是对知识进行选择,这就要求文献采访者选择文献时,要具备一定的知识和对知识的理解能力。面对迅速发展的科学技术,面对层出不穷的新知识、新观点,文献采访者作为个体,其知识面、知识掌握的深度都是很有限的。为此,文献采访者需要勤于学习,善于学习,不断提高自身的知识理解能力。同时,文献采访者还要善于利用他人的知识来弥补自身的不足,例如选择文献时,对于自己把握不准的东西,应请教专家、学者或读者参考解决。

(3)文献鉴赏能力

文献除了内容之外,其载体多种多样,规格大小不一,装帧和印刷质量各异。这就要求文献采访人员在选择文献时要具备一定的鉴赏能力。图书馆文献采访人员面对的是大量的文献,其操作时间很有限,在选择文献时难以像个人购买者那样仔细和周全,所以,这种鉴赏能力主要表现为对文献质量的把关。当前,出版业在迅速发展的过程中,由于利润的驱使,急功近利者并不鲜见。采访人员要把好质量关,就需要具备辨别文献质量的能力,掌握文献选择的各种技巧。文献鉴赏能力不是生来就有的,需要采访人员去不断地实践、积累和提高。

(4)公关和协作能力

文献采访工作属于外向型工作,与图书馆外部联系较多。要想有一个和谐的工作环境、友善的人际关系,采访人员必须具备一定的公关和协作能力。随着图书馆网络化建设、文献资源的共建共享,对文献采访工作者的活动能力提出了更高的要求。此外,文献采访工作者的采访活动是代表图书馆进行的,采访者作为图书馆的"形象大使",其公关和协作活动能力对图书馆的形象树立有着重要影响。为此,文献采访工作者应不断提高自身的公关协作能力,以适应工作的需要。

(5)经济运用能力

文献采访是一种经济活动,耗费的是资金和人力。因此,文献采访者的经济运用能力十分重要。尤其是在经费短缺的情况下,采访人员应处处精打细算,用好手中的每一笔资金。当前,文献采访活动中经济运用方面的空间还是不小的,如同类文献的价格差、同种文献不同载体的价格差、同种文献不同装帧形式的价格差,获取方式不同带来的费用效应等。要提高经济使用能力,首先要求文献采访工作者强化自身的风险意识和成本意识,加强工作责任心;其次在工作实践中不断地摸索和总结。

第二节 采访工作的组织、原则和主要内容

一、高校图书馆文献采访工作的组织机构

图书馆的文献采访工作,必须有一定的组织机构做保证。

(一)图书馆文献采访机构的设置

国内外图书馆文献采访机构的设置基本相同,图书馆的文献采访工作一般由一位副馆长主管。文献采访机构的名称最开始称为采访部或采编部,现在多数改为文献资源建设部。主要有四种形式:一是单独设立文献采访部门,全面负责图书期刊、电子文献的采购、征集、交换等。二是文献采访与分类、编目合为一个部门,但三者各成体系,仍是三条线。三是图书采购、期刊采购、电子文献采购均分开,图书采购归采访部,期刊订购由独立的期刊部负责,电子文献采购归电子资源部。四是纸质采购包括图书采购和期刊采购,归采访部负责,电子文献采购归电子资源部负责。文献采访工作尽管机构设置不尽相同,但采访工作一直是独立的体系,连贯的流水线。一般来说,图书馆文献采访工作中的订购、征集、登记、交换、捐赠等文献采访业务都是由文献采访部门具体负责的。尽管有的图书馆没有设置独立的文献采访部门,而将文献采访与文献分类,编目的工作合并在采编部门,但是在采编部门内,采访与分类、编目的工作仍是分开的、各成体系的,采访依然是作为一个独立的主体运行。当然,文献采访的一些业务在具体分工上各图书馆会有所不同,这就造成各图书馆文献采访部门的结构还是有所差异,这种差异主要表现为图书采访、期刊采访与电子文献采访分别设置机构或分属不同部门管理。

在图书馆界,期刊的管理存在着两种显著不同的方式:一种是期刊的订购、交换、登录、借阅等工作都集中到期刊部门;另一种是期刊采访由采访部门统筹,期刊部门只负责期刊的借阅流通。从期刊工作的角度分析,现代科学技术迅速发展,文献老化的半衰期越来越短,期刊工作在图书馆中的地位日益突出。将期刊的订购、交换、登录、借阅都集中到期刊部门,既便于采访人员有的放矢地订购期刊,又有利于期刊的统一管理,是强化期刊工作的最佳方案。从文献采访工作的角度分析,由于文献载体形式多样化,光盘、数据库等电子文献越来越多,且各种形式文献的内容相互重复交叉,而图书馆购置文献的经费又十分紧张,这就要求图书馆的文献采访必须统筹兼顾,将期刊由采访部门集中统一筹划。

随着电子文献的大量涌现,打破了图书馆文献主要由纸质图书和纸质期刊组成的形势,形成了"三足鼎立"的局面。目前,电子文献的采访同期刊采访同样存在这样的问题,即电子文献的采访归电子资源部负责还是归采访部负责。可以想象,电子文献日益激增,造成图书馆电子文献与图书期刊内容交叉重复的现象日益突出,而图书馆经费又日益紧张的情况下,要求图书馆的图书、期刊以及电子文献等其他形式文献的订购都应由采访部门统筹,实现文献采访一体化。只有在采访部门的统筹安排下,文献购置经费才能有效地避免不必要的重复浪费,同时又有益于馆藏文献资源整体结构的合理建设。

(二)建立文献"采访团队"

高校图书馆在实际文献采访中,为了提高文献采访质量,也经常参考馆外专家的建议或组织馆外人员选择文献。组织馆外人员参与文献采访可以采用不同的方式:①文献采访由文献采访人员与各院系教师及科研人员分别负责。文献采访人员负责一般教科书、非课程用书、休闲读物等的选择,教师与科研人员则负责教学及研究计划的有关文献,并由文献采访人员负责协调和分配经费。为此,各院系应分别成立选书委员会或小组,图书馆采访人员则应将征订书目等随时发送各院系,充分依靠并发挥专家在文献选择活动中的作用。②在日常的文献采访工作中,将书目目录发送给各院系的采访负责人,征求各院系的意见,最后由图书馆采访部门对各院系圈选的订单负责统一整理,进行订购;同时,图书馆采访人员在各院系订购的基础上,仍然要对订单进行处理,选择适合本馆需要的文献。③每年参加一次或多次图书现采会,组织各院系的教师到图书现采会进行现场采购,增强了采访的力量,也充分发挥专业教师在文献采购方面的能力。④利用学科馆员来加强与各院系的老师与专家的联系,了解教学、科研人员对专业文献信息的需求,把握各专业的发展方向,与采访人员一起完成采访任务,使采访的文献更具有针对性、专业性,提高了文献采访质量。⑤建立由教师和学生为主要参与人的选书团队。通过图书馆自动化管理系统链接书商的电子书目,为读者提供备选资源。

(三)文献采访的合作(跨馆)机构

文献采访的合作(跨馆)机构是在图书馆的馆际合作中产生的,也就是馆与馆之间的协调合作组织。这种机构并不负责图书馆文献采访的具体工作,而是通过一些协调计划和措施,使参加协调计划的图书馆的文献采访工作有所分工,从而实现文献资源共建共享的最终目标。文献采访的合作机构在国内外普遍存在,只是规模大小、层次高低不同。

高校图书馆进行文献协调采购的方式多种多样,有按地区进行的协调采购,有按学科进行的协调采购,也有按其他文献类型进行的协调采购。①

第一,按地区进行的文献协调采购。主要是地区高校之间的协调采购,或高校参加本地区的文献协调采购。

第二,按学科进行文献协调采购。

第三,按文献类型进行的协调采购。按文献类型进行的协调采购,又以外文期刊和电子期刊的协调采购为主。

(四)文献采访的组织管理机制

高校图书馆为了保证文献的采访质量,一般都从行政管理上形成分层负责的管理机制。我国高校图书馆一般由图书馆委员会—图书馆馆长—文献资源建设小组—采访主管—具体采访人员组成分层负责制度,配合适当的采访政策、方针,合理分工,以达到采访优良的绩效和成果。

二、高校图书馆文献采访工作的原则

文献采访的原则是图书馆采访人员长期工作的经验总结,是指导文献采访的重要依据。高校图书馆在文献采访过程中,要遵循一定的

---

①陈诗莲. 新信息环境下高校图书馆资源采访优化策略[J]. 中国管理信息化,2019,22(24):157-158.

采访原则。高校图书馆文献采访原则是根据学校的性质任务、读者需求和原有基础,从实际出发,指导采访工作有目的、有系统、有计划、有分工地补充和调整藏书,以便为教学、科研、生产提供文献信息,为提高大学生的科学文化水平,为国家培养德才兼备的合格人才,奠定坚实的物质基础。目前,我国高校图书馆文献采访原则大体有以下几方面:实用性原则、思想性原则、经济性原则、系统性原则、保障性原则、学术性原则、协调性原则等。

(一)实用性原则

实用性原则指馆藏文献有针对性,讲求实用,符合图书馆的性质与任务,符合读者的需要,符合地区、系统和本单位的实际需要。遵循实用性原则,应尽可能使选购的文献具有实用性,适合图书馆任务和读者需要,确保馆藏有最大利用率。实用性原则是文献采访首要的、基本的原则。实用性原则要求文献采访人员掌握好三个方面的问题。

1. 根据图书馆性质和工作任务选书

围绕本校教学与科研进行文献采访工作跟高校图书馆自身的性质和任务紧密相关,即其承担着为学校教学和科研服务的双重职能。这一点就决定了采访工作必须遵循实用性原则,使馆藏结构与学校性质、专业设置、学科建设和具体教学科研内容相吻合,保障教学和科研所需的丰富、系统的文献信息资源。

2. 根据读者需求状况选书

由于高校教育教学的阶段性,比如从大一到大四的年级阶梯性设置和从专本硕博不同层次的专业学历教育的建设等客观存在,所匹配的文献信息资源必须有相对应的馆藏保障。这就要求文献采访的多层次并举,全面准确地了解本馆读者的阅读范围与倾向、动机与目的、利用图书馆的方式等,有针对性地选购适用文献,从而满足不同专业不同年级不同层次的学生群体的学习需要。另外,还要满足教职员工的不同专业级别的科研信息资源的需要。

3. 根据文献价值选书

文献有两种价值。一种是文献的内容价值,即文献的学术性、思想性、科学性、艺术性等,它不会因文献的空间位置变化而变化;一种是文献的使用价值,即当该文献被读者使用后而产生的价值,这种价值是随着文献的空间位置变化而变化的。对于图书馆来说,主要是要获取文献的使用价值,这种使用价值的获取来自文献内容价值与读者需求的吻合。实用性原则要求馆藏文献选择要密切关注读者利用文献的状况。坚持利用率高的文献多购,利用率低的文献少购。实用性原则要求对读者需求情况的了解和掌握不是抽象而是具体的,不是静态而是动态的。牢牢把握馆藏文献的使用价值,才能紧跟读者需求的变化,较好地满足读者的文献需求。

(二)思想性原则

图书馆是文化阵地,肩负着宣传教育、普及科学知识、提高全民素质的重任。我国高等学校更是肩负着培养德智体美劳全面发展、建设中国特色社会主义接班人的重任,大学生是祖国未来建设的栋梁。因而,高校图书馆要采集代表先进思想、科学和文化的文献资源,用先进的文化引导在校大学生进行健康、文明、向上的阅读,早日走上成才之路。思想性原则要求文献采访人员具有较高的思想政治素质和科学文化素质,具有较强的鉴别能力,能区分先进、正确、积极、健康有益的文献,消除或减少消极文献对大学生的负面影响。

(三)经济性原则

经济性原则是指合理利用有限的购书经费,以达到投入最少、产出最大,即馆藏文献资源体系功能最大、利用率最大的目的。经济性原则就是节约原则。"勤俭办一切事业"是指导文献采访工作的一条重要原则。要求我们在进行文献采访时,精打细算、认真选择,不盲目采购,不错购、漏购、重购,使有限的经费发挥更大的作用。在文献采购中要适当注意品种,减少复本,各类文献的采集要注意比例适当,对高价文献要慎重选购,坚持经济性原则,要结合本馆的具体情况制订必要的、有效的一系列规章、措施。

(四)系统性原则

知识是一个不断发展、分化、交融的体系,知识的产生和发展是一个承前启后、连续相关的过程。知识的连续性、相关性和系统性决定了文献的连续性、相关性和系统性,也决定了读者求知的连续性、相关性和系统性。从满足读者求知的角度出发,馆藏文献必须具有连续性、相关性和系统性;从满足读者发展知识的角度出发,其全面系统地占有文献信息是发展知识的前提和基本要求,这样可以避免重复劳动,凸显发展知识的价值。系统性藏书为图书馆的长期生存和文献的完整保存起到重要作用,成为图书馆藏书区别于其他藏书的重要标志。遵循系统性原则,一是注意重点和特色文献的系统完整,二是连续出版物的系统完整,三是丛书、多卷书、工具书的系统完整。要形成结构合理,有重点、有一般、有比例的馆藏文献体系。

(五)保障性原则

高校图书馆的任务就是为学校教学、科研和大学文化建设提供厚实的文献保障。文献保障分为质的保障和量的保障,质和量是互相依赖、不可分割的,量中包含着质,质中体现着量。在质的保障方面:教学用书应覆盖学校每个专业、每门课程,并且每门课程的教学用书是足量和优质的,以确保教学工作的顺利进行;科研用书应覆盖研究性学科和研究性课题,对于研究性学科(指有研究生学位授予权的学科),其学术性期刊要求连续完整地订购,图书品种拥有量应占该学科图书出版量的65%以上。对于研究性课题,应能够提供查新服务,以保证该课题研究的创新性;在大学文化建设用书方面,要充分体现馆藏文献的层次和品位,要以经典开阔学生的眼界,以学术振奋学生求知热情。在量的保障方面:生均藏书量100册,年进新书量生均不少于4册或在校学生数超过3万人的学校,年进新书量超过9万册。各学科核心期刊要连续完整地订购,在图书品种与复本的处理上,做到学生必读书种少册多,学生选读书种多册少,教师用书、工具书种多册少,尽可能做到书有其人,书尽其用。

(六)学术性原则

高等学校不仅是教育性机构也是学术性机构,高校图书馆为教学科研的服务是一种学术性服务。其学术性首先体现在馆藏学术文献上。学术性原则要求在馆藏文献选择中关注文献的内容价值,关注文献的学术层次和品位。从利用上看,学术文献关系着学术研究的开展,关系着高层次人才的培养,关系着对大学生学术氛围的熏陶,这种任务和使命使馆藏学术文献价值倍增。在采访学术文献的同时也赋予高校图书馆做好导读工作的光荣任务,这就要求文献采访人员自身要多读书,读好书,会辨书,能荐书,并借助各种书目和书评,鼓励和引导学生读者去阅读高层次、高品位图书,使学术图书的内容价值转变为使用价值,转变为读者的精神和物质财富。

(七)协调性原则

协调性原则是通过馆际联合采购或地区联合采购等合作方式,对某些学科、某些文种、某些区域的文献进行分工采购,建立一个在某种范围内布局合理、相互依存、资源共享的文献资源保障体系,这是高校图书馆事业生存发展的必然。原因是:①图书馆经费有限,不可能将所有的文献信息搜集齐全,也不可能完全靠自己搜集的文献信息满足师生所有需要;②避免藏书不必要的重复,增加文献品种,节约资金、物力和人力;③为了使图书馆向现代化方向发展,实现更大范围内的资源共享。采购文献分工协调的内容,除了对电子文献、外文书刊和古旧书籍进行分工协调外,还包括书刊交换、调拨及复制等工作。

三、高校图书馆文献采访的主要内容

高校图书馆的文献采访工作内容丰富,涉及面广,既包含有馆藏规划和文献采访政策法规的制订,又包含有文献采访的具体工作事项。

(一)制订馆藏文献资源建设规划

馆藏文献资源建设是图书馆根据本馆的性质、任务、服务对象、收藏范围等有目的、有计划地系统地规划、选择、收集、组织、管理文献资源,建立具有特定功能的藏书体系的全过程。馆藏文献资源建设规划是图书馆文献资源建设的最高原则或行为指南。它大体包括以下内容。

1.确定图书馆的性质、任务、方针

高校图书馆的文献资源建设必须从学校的教学和科研的需要出发,结合图书馆的实际情况,本着面向教学,服务科研,保证重点,照顾一般的原则进行馆藏文献建设,尽最大努力满足全校师生对文献的需求。馆藏文献的建设应坚持系统性、针对性、实用性、分工协调和新陈代谢原则,以学校重点学科、重点专业为重点,兼顾全校其他学科、专业,以实际馆藏与虚拟馆藏为依托的有特色的藏书体系。

2.经费分配政策

确定购书经费的使用原则、目标、方法。随着文献出版形式和信息载体多样化以及网络电子信息的出现,如何合理安排各种出版形式、各种信息载体、各语种文献的经费比例,以及协调"网上资源"与"馆藏资源"建设的经费投入,已成为藏书发展政策中迫切需要解决的问题。

3.藏书发展纲要

这在藏书发展政策制订中难度最大。它首先要求划分藏书的学科范围,制订一个规范统一、详细得当、学科齐全的学科框架一览表,然后根据文献内容的水平及读者的不同需求层次,对各学科范围的文献相应地划分出若干层次的收藏级别,并规定各级别所应达到的收藏目标,再结合文献的语种、初版年代、类型等,设计出一个"藏书结构一览表",以规划未来藏书的发展。

4.藏书管理政策

确定有关藏书的加工、整理、保存、传递的标准和工作程序。

5.合作藏书发展政策

确定合作藏书的目标任务、参加合作馆入藏文献的范围、应该承担的责任、文献的报道和共同利用。

6.馆际互借与资源共享政策

明确图书馆在馆际互借与资源共享方面的权利与义务、文献传递的方法和程序,通过政策的作用,调节和平衡馆际互借中的利益关系,使参与各馆都受惠。

7.藏书保护政策

确定藏书保护的原则、藏书保护经费投入、藏书保护的技术标准和措施。

8.藏书剔除政策

确定藏书剔除的目标和任务、剔除的标准和范围,规定藏书剔除的方法和程序。

馆藏文献建设规划涉及文献采访的许多政策和规定,是文献采访工作的最高原则,对文献采访工作具有宏观性、规范性和预见性的指导作用。

(二)制定文献采访政策

文献采访政策指图书馆在文献采访工作中为实现采访目的而实行的方针和政策。图书馆的文献采访政策和文献资源建设规划既有联系又有区别。规划是对馆藏文献资源建设整体而言,是图书馆制定的一段时间内馆藏文献资源建设的目标,表现的是宏观性、统筹性和规划性。政策是采访工作落实馆藏文献资源建设规划的具体安排,馆藏文献资源建设规划是制定文献采访政策的依据。高校图书馆文献采访政策应包括如下内容。

1.文献采访总则

总则主要对本馆的性质与任务、馆藏文献的品种与结构、文献收藏的层次与重点、文献选择的基本原则、文献采访经费来源、经费使用分配原则等,进行说明和规定。

2.文献采购经费预算方案

文献采购经费,指图书馆用于购置文献的资金。采购经费的预算方案是图书馆对年度文献采购经费所做的整体方案及要求。主要包括各类型文献采访的数量及所需的经费比例、上年度经费的使用情况、本年度经费预算及其可行性分析。

3.采访文献的结构、类型和级别

考虑本馆馆藏现状和学校专业设置、学科建设发展需要,对本馆采访文献的结构、类型和级别加以规定,确定哪些学科文献是采访重点、哪些是要全面采访、哪些要适当采访等,采访的文献等级以及各类型、各语种文献的品种与数量以及它们在本馆藏中所占比例。

4.文献采访获取方式

对文献的主要获取方式:购买方式(如订购、预订、赊购等)、非购买方式(如呈缴、捐赠、无偿调拨、无偿征集等)、其他方式(如竞拍、交换、附购性呈缴、有偿调拨、有偿征集、复制、自行制作等)进行说明和规定。

5.文献采访工作程序

文献采访是一个周而复始的过程,涉及文献信息收集、文献信息确认、文献选择、文献获取、文献验收、财务、成果移交与评价等多个环节。

6.采访部门的管理制度、责任与要求

对文献采访工作的管理制度及采访工作的组织、部门、个人的工作责任和工作要求加以规定。

文献采访政策的制定和出台是时代的产物,随着文献需求环境的变化,文献采访政策也需要与时俱进,进行相应的调整和修订。

(三)建立文献采访管理制度

1.建立经费管理制度

各馆应根据具体情况制定文献采访经费使用的管理制度。包括各级文献采选人员经费使用权限、经费审批程序、报账方法等。

2.本馆文献采访工作规范

包括采购方案的设计,采访方式的确定,书商的选择,采访工作流程各环节标准化程度,如采访信息搜集、文献选择、文献查重、文献订购、文献验收的操作规范等。

3.监督检查办法

包括对文献采购管理采访工作质量、书商的考核办法等。

(四)文献采访工作具体内容

1.制订采访方针及文献收集标准

采访方针和文献收集标准是文献采访工作的纲领性文件,它为高校文献采访工作指明了工作的方向。一个科学的、系统的、有特色的能够满足广大师生文献需求的馆藏体系正是在既定的采访方针、计划及文献收集标准的指导下,有计划地逐渐建立起来的。

采访方针和文献收集标准是根据本馆的性质、任务、经费、读者对象等约束条件而制订的。各类型图书馆都有自己独特的任务,有特定的读者对象。高校图书馆的主要任务是为学校的教学与科研服务,而它的读者对象也非常明确,主体是本校的学生及全体教职员工。因此,高校图书馆文献采访的方针及文献收集标准必须围绕着本校的专业设置、学科发展状况和教学任务来展开。

(1)文献采选方针

文献采选方针一般包括总则和细则两部分。总则是对本馆文献资源采选的总任务、总方向、总要求和要达到的总体目标的说明。细则的主要内容应包括以下内容。

第一,文献采选的基本原则。文献采选时应遵循的具体原则,应具有可操作性。

第二,各类型出版物的采选原则。规定不同载体文献的采选原则、采选方法及所占的比例。

第三,各学科文献采选的原则及标准。应区分重点学科和一般学科,并详细地规定各学科文献的选择标准。

第四,采访文献的结构。包括学科结构、等级结构、文种结构、时间结构等。

第五,复本量。规定各类文献每种的采访数量。

第六,文献采访方式及渠道。各类文献的获得方式及管理办法。

第七,文献采购的工作流程。文献采选的工作环节及要求。

第八,文献采访岗位的工作职责及要求。

第九,文献采购经费的管理及使用。主要规定本馆经费使用的审批程序及使用要求等。

(2)文献选择的标准

文献选择的标准是图书馆根据本馆文献采访方针制订的文献选择标准,应根据本馆的性质、任务、读者对象,并考虑文献的主题内容、文献的责任者、文献的出版者和文献的价格及文种、装帧、出版时间、地域等因素,制订详细、可操作性强的文献选择标准。

2.编写文献采购经费预算方案

文献采购经费,指图书馆用于购置文献的资金。采购经费的预算方案是图书馆对年度文献采购经费所做的整体方案及要求。主要应包括以下内容。

(1)馆藏建设和读者对文献的需求

馆藏建设和读者对文献的需求包括各类型文献采访的数量及所需经费比例,及读者对文献类型、品种数量,文献语种的实际需求。

(2)上年度经费的使用情况

要对以前经费使用中出现的问题做详尽合理的分析。

(3)当前的主要问题

突出图书馆文献资源建设面临的主要问题及所带来的严重后果。

(4)经费预算及其可行性分析

提出的预算要有依据,项目及数字合理准确,具有可行性、可操作性。编制文献采购经费预算方案应遵循实用性原则、实事求是原则、重点突出原则、科学性原则、可行性原则。重点突出年度图书馆文献资源建设的需求和用户对文献资源的实际要求,准确反映图书馆文献采购经费的使用情况。

3.采访信息收集

(1)关注出版动态,掌握出版与发行信息

收集文献的出版发行信息是了解和掌握文献来源的重要途径,是采访人员选择、评价和订购文献的重要基础,是了解出版社和发行商信息的必要手段,也是采访人员在详细掌握读者需求信息、馆藏信息、资源共享信息和经费保障信息等基础条件之后,进行采购入藏文献的前提条件。出版与发行市场是一个复杂多变的市场,采访人员要时刻了解、熟悉、关注出版与发行市场的变化趋势,准确掌握其瞬息万变的信息。只有对国内外的出版发行动态、图书产品优劣、复杂的发行渠道有所了解,掌握丰富的书源,才能选择优秀文献。

（2）馆藏文献资源调研

馆藏文献资源调研就是对图书馆文献采选、文献入藏及满足读者需求情况进行调查评估的具体过程。通过分析馆藏的优势与不足,为今后馆藏文献资源建设提供科学、合理的依据。工作内容主要包括制订调查方案及调查方法,具体实施,定期检查工作进度,完成馆藏文献资源调查报告。

（3）读者需求的调研

读者需求信息的搜集是文献采选工作的重要内容。通过对读者需求信息的搜集,为馆藏文献资源建设提供准确的参考数据,提高文献采选质量,满足读者的阅读需求。工作内容主要包括制订调查方案及调查方法,具体实施,定期检查工作进度,完成读者需求调查报告。

4.选择供应商

图书馆的文献主要是与文献供应商以货币的方式交换而获得。在采访工作中,文献供应商(包括新华书店、图书馆专供商、图书批发机构等)的选择非常重要。图书馆选择供应商必须综合考虑各个方面的因素,例如信誉、到书率、数据质量、价格、服务、位置等。

5.规定采访工作流程

根据本馆采访方针人员条件和具体工作环境,规定采访工作的各项流程,定人定岗定责,按图作业,从而保证采访经费的合理使用。文献采访质量提高,工作高效有序。文献采访工作是有严格的程序及要求的,大体可以分为四个阶段:搜集阶段、订购阶段、验收阶段、登记阶段。

6.收集反馈信息

图书馆采访人员要注意收集各种反馈信息,包括图书管理部门对图书内容、质量、数量的意见和读者利用情况两个方面。图书进入书库流通以后,图书管理人员在管理过程中,能够发现图书的瑕疵,比如相同种类过多、内容重复、复本过多等问题。采访人员要深入这些部门了解情况,及时纠正存在的问题。读者在阅读使用图书过程中,对图书的认识也会有一个综合评价,读者的意见对采访工作同样有重要的参考价值。读者需求方向的变化、需求深度的变化,提示了藏书改变的方向。采访人员可以通过读者个人反馈意见、问卷调查、座谈会、读者协会等途径,从不同角度、不同层次获得读者的意见和建议,读者的意见必须在采访工作环节得到落实。

7.采访协调

采访协调,即文献合作采访,是指两个或两个以上图书馆,在自愿或约定的基础上,通过分工、协调,各自尽可能将本单位分工负责的有关专业范围内的文献收集得较为齐全、系统;在合作范围内,使各个有关学科的各种类型文献在整体上更加充实、完善,并形成一定特色;避免一般化和不必要的重复、浪费或缺藏,为参与文献合作采访馆的文献资源共享打下坚实的基础,提供最基本的条件。合作采访要具有全局观念,有统一领导机构,要求参加文献合作采访的图书馆必须形成一个整体,把各馆视为其中一个部分;合作采访要求各馆文献采访工作必须标准化和规范化,才能实现真正意义上的区域性的文献资源保障体系,实现资源共享。

8.采访质量评估

采访质量评估,有采前评估和采后评估两种。采前评估主要通过采访专家委员会对预订书目进行评价。采后评估是对图书流通后,在读者中的利用情况和图书种类分布以及它们的内容是否切合实际等进行核实。评估实际上是对采访方针执行情况进行综合分析,检查采访工作效果的一种手段。采访质的评价主要是对所采集的图书文献与读者需要达到共鸣的程度进行评估,这表现在文献借阅的比例、文献内容对读者的帮助、激励读者思维的潜在效用;而采访量的评价主要是看能否满足多层次,多样化读者的需要。采访工作就是要在这种调研评价中不断进行修正,使采访的文献资源一步步达到与读者需求相吻合。因此,可以说,图书采访工作就是这么一个不断地执行、调整、研究的过程。

第三节 印刷型信息资源的采访

印刷型信息资源的采访大致可以分为图书采访和期刊采访两种，以下将详细介绍两者的具体内容。

一、图书采访

(一)图书采访的一般程序

图书采访工作是图书馆的一项技术工作，有严格的程序及要求，程序中各阶段都有具体的内容，彼此间相互衔接，构成有序的流水作业线。

1.制订采访计划

图书馆图书采访计划是图书馆藏书建设方针的具体体现，不是可有可无的。有计划地连续不断地进行，可以较好地实现图书采集的目标，没有计划，目标是很难实现的；有计划可以避免盲目性，有计划能够合理地使用购书经费，合理地确定各文种、各学科的采购比例，保证图书采集的质量。图书采访计划的种类是很多的，按不同的划分方法，有以下几种类型。

第一，按时间划分，包括长期计划、中短期计划、临时计划。

第二，按应用范围划分，包括分类或主题计划、新进图书计划、图书补缺计划等。

第三，按文献获取方式划分的图书补充计划，包括购置计划、交换计划、征集计划和其他方式的补充计划。

第四，按图书性质划分的图书补充计划，包括核心图书补充计划、辅助图书及相关文献补充计划、扩大阅读或娱乐用书补充计划、特种文献补充计划，教学参考书补充计划等。

总之，在制订计划时要考虑各类型计划的辩证统一关系。

2.选书阶段

选书阶段是订购前的准备阶段,主要有以下三项工作。

第一,主动广泛搜集各种图书征订目录。

第二,根据征订目录反映的图书进行圈选。可以自己圈选,也可送交有关人员协助圈选。

第三,对经过圈选的图书,进行"查重"。查重的工具主要是公务目录和采访部门的图书预订目录(也称预订卡)。

3.订购阶段

订购阶段主要有以下四项工作:第一,确定复本量。第二,填写订单或委托单,办理审批手续。第三,制作并编排预订目录。第四,寄发订单或委托单。

4.验收阶段

验收阶段主要有以下四项工作:第一,按收订单通知提取图书。第二,用发票和清单核对图书册数和金额是否相符。第三,抽出预订卡并在预计卡上注记该书已到的标识。第四,应将发票和清单及图书入库单一并找领导签字报账。

5.登记阶段

加盖馆藏章,打好登录号码,进行图书财产的总括登录和个别登录。然后将这批图书及工作流程作业单移交编目部门。[1]

(二)图书采访的基本方式

图书采访就是社会上不同时期出版发行的图书资料,有计划有目的地通过各种方式筛选、搜集供读者利用。图书采访的基本方式有如下几种。

1.预订

这是图书馆图书采访的主要方式。征订目录(即预订目录)所收录的图书,均是尚未出版而即将出版的图书,图书馆进行预订就是根据征订目录选择所需要的图书资料。发行单位根据预订要求,有计划地把图书供应给图书馆。实行预订有三点好处:一是选择性强;二是

---

①吴永真.浅谈互联网时代文献采访模式[J].办公室业务,2017(06):166.

订到率高；三是便于有计划有目的地进行图书采访。做好预订工作不是一件简单的事情，要做好这项工作，必须达到三个要求：①不错订。凡与本馆方针任务和读者无关的图书资料，绝不能预订。②不漏订。该订的，又有条件订的一定要订，不要漏订。③不重订。要做到图书预订不重复，不仅需要有认真细致的工作态度，而且要建立一套预订目录，这样就可避免重订。有的高校图书馆直接将征订目录的有关款目剪下贴在预订目录卡上，也是一种好的办法。预订目录的排列应按国际标准书号顺序排列，没有国际标准书号的，可按书名字顺排。

国际标准书号（International Standard Book Number，ISBN）是每一种出版物唯一的、简单的识别号。我国实行国际标准书号是从 1987 年 1 月 1 日开始的。每个 ISBN 号码都是由一组冠有 ISBN 的 10 个阿拉伯数字组成的。这 10 个数字分为四个部分，分别代表组号、出版号、书名号和核对号；每部分之间用连字符号隔开。

2. 直接选购

直接选购就是图书馆采访人员直接到书店、出版社或其他售书点选购图书资料。这种方式能获得预订所得不到的图书，如有些发行量小的书，内部发行的图书，古旧图书，地方出版物等均不预订；有些漏订的书，预订不足的书，以及需要临时补配的书，都需要通过到书店、书市、出版社及有关单位直接选购。直接选购有两种方式：一种是在本地区直接选购；另一种是到外地采购。直接选购的好处是能直接鉴别图书，手续简便。这是高校图书馆采购图书的一种辅助性方式。

3. 委托代购

委托代购是指图书馆采访人员委托他人在外地选购所需要的图书资料。委托代购有两种形式：一种是临时性代购，就是委托本校非购书人员带上书目到外地、外单位选购图书；另一种，长期性相互代购，就是委托外地兄弟院校图书馆采访人员按一定书目范围与数量代购当地出版物。

4. 邮购

就是采购人员与新华书店、出版社及其他有关单位邮购部或服务部取得联系,用邮寄方式购买图书资料,这也是一种行之有效的购书方式。邮购的具体方法是:当看到各邮购部发出的图书目录时,便根据本馆任务需要和经费情况,决定是否购买。如确需邮购,应写清楚书名、著译者、定价以及邮购册数,对不同版本、装帧和分卷册出版的多卷书还要写明版本、装帧、卷次和册数。同时须写明本馆的详细地址和收书人,以免寄错。邮购图书的书款,一般由银行或邮局汇寄。收书时如发现书款与发票账面不符、书名不符或对方寄错等情况,采访人员应及时向邮购部去信查询,以便及时解决差错问题。

5.复制

即用复制方法获得复制品,主要用以补充罕缺图书资料,包括绝版书、孤本书、善本书、缺漏的书、其他连续出版物以及重要的内容资料等。复制方法有抄录、照相复制、静电复制、录音录像复制等。

6.交换

图书交换是图书馆之间以及图书馆和出版单位、学术团体等有关单位之间互通有无充实本馆图书不足的一种方式。目前交换工作已成为图书采访的一项重要业务。交换除复本图书外,还包括新的出版物;除公开发行的文献以外,还有内部交流的资料;交换的范围在逐渐扩大。开展图书资料的交换工作,应该注意以下事项。

第一,必须选择专业对口的单位建立交换关系,有目的,有计划地进行图书交换。

第二,交换关系应建立在合作、互惠的基础上。对于各图书馆都无用的、内容陈旧过时的以及破损缺页的图书资料,不应列为交换品。

第三,交换单位之间,应尽量维持平衡关系,无论是计件还是计价,都应力求交换的图书在质量与数量上相当。

7.赠送

是指个人或团体、单位向图书馆主动、自愿地赠送图书资料以充实馆藏的方式,它是获得珍贵图书的重要来源之一。赠送图书一般有五种情况:一是一些作家、学者、知名人士及藏书家,将其著作和珍贵图书赠送给有关图书馆;二是国外一些朋友、社会团体、基金会向有关图书馆赠送图书;三是一些出版者将出版物赠送给图书馆,以扩大宣传和流通;四是文献的作者在写作过程中,得到图书馆的帮助,在图书出版后,主动赠送给图书馆以表谢意;五是一些图书馆收到大批赠送图书后,将不适合本馆收藏的或多余的赠书转赠给有关兄弟馆。

二、期刊采访

(一)期刊采访的一般程序

凡是通过购入方式获得的期刊,一般程序包括以下几项:第一,搜集征订目录,了解出版动态。第二,调查研究需要,建立预订卡。第三,填写订单汇款,办理订购手续。第四,查询提取期刊,做好验收登记工作。第五,查询整理收据,办理结账手续。

关于建立预订卡与结账手续问题,再详细说明如下:期刊预订卡是已订期刊的原始记录和凭证,也叫预订目录。期刊预订卡必须有下列著录项目:题名、刊号、刊期、发行方式、发行地、开户行、账号等。内部期刊必须对发行单位地址著录到最详尽的程度,以便查询,如地址变更要随时更换预订卡新片。

期刊预订卡的排列有以下几种方法:①中外文期刊分排,然后按刊名的字项或音序排列;②按不同的发行途径排列,同一发行途径再按刊名或刊号排列;③先按分类或分配单位排列,然后区别语种,同一语种的期刊再按刊名排列。以上三种方法,各有长处和不足,采取哪种方法排列期刊预订卡,可因馆制宜。

期刊采访的结账手续并不复杂。结账的凭证是收据,对于收据要注意:第一,有的发行单位往往将收据夹在第一期杂志中邮寄,因此在订购时订购单中不带收据的期刊要在现刊登记卡标有记号,以便收到期刊时查找;第二,有的发行单位用平信寄据,要注意查收;第三,在3个月内未收到收据时,要去函催询,对丢失的收据要索取补据或证明;第四,订购时在订购单上自带的收据,必须与邮汇收据或信汇回单一起报销,以此证明确已汇款,否则时间一长说不清楚;第五,有时发行单位经催询补来的收据是征订单的第一联,而且邮汇收据或信汇回单已报销走账时,要注明何日汇出以便统计人员审计。收到收据后,报账手续要完备,要有经手人、验收人、主管人签字报销。

(二)期刊验收

期刊的验收是对刚进馆的散本现刊进行的查检工作。而期刊的登记则是对陆续到馆的现刊进行的初步登记。期刊的验收与登记标志着期刊采访工作的初步结束。

期刊的验收登记工作必须十分认真,容不得半点马虎。否则会给下一道工序带来麻烦。由于期刊采访的途径不同,所以验收的项目和重点亦不同。

第四节 数字信息资源的采访

随着计算机技术、网络技术、通信技术以及数字化技术的高速发展,数字资源得到极大丰富和发展,其较强的覆盖面与传播速度不断地影响着人们对信息的获取方式与利用效率。在图书馆工作中,文献载体部分不再局限于纸质资源,数字资源所占比重越来越大。随着图书馆数字资源的比重不断加大,出现数字资源和纸质资源并存的局面。数字资源和纸质资源两者都有着各自的优点和缺点,但是它们相互间并不能进行替换。做好数字资源与纸质资源的合理互补采访,将对馆藏建设的良性发展大有裨益。数字资源的采访分为采购方式的采访与非采购方式的采访。

一、采购方式的采访

(一)电子图书的采访

电子图书的迅速发展对图书馆的馆藏发展提出了新的要求,馆藏资源的载体形式不断从纸质资源向数字资源转化,电子图书正在成为图书馆藏书的重要组成部分。而电子图书的采购直接关系到馆藏质量并日益成为现代图书馆采购的重点。电子图书采购方式有两种:镜像方式和包库方式。

1.镜像方式

图书馆引进的电子图书主要为本地存储的镜像方式。各图书馆选择的电子图书中,有的是与本馆纸本书对应的电子书,有的是本馆无对应纸本书的新增图书品种。各馆收藏电子图书的数量,根据馆藏规模等实际情况,几千到几十万种不等。镜像方式是在本地存储充实馆藏。既能满足读者阅读的需求,也能保障电子图书的品种数量。更新方式采取网上定期更新,能减少电子图书的滞后期。

2.包库方式

近几年图书馆购买电子图书有采用包库方式购买的。这种方式的特点是图书品种多,阅读和部分阅读及可传递的电子图书品种总量可达上百万种,补充了纸本馆藏品种及复本数量的不足。包库方式支持不限量的在线阅读,很大程度上解决了纸本复本量不足的问题。在资源采购资金不足的情况下,包库采购的方式较为合理,年资金使用量小,在有限的资金下保障电子图书的品种数量,有些电子图书包库只能满足读者在线阅读的需求,下载阅读受限。

(二)期刊数据库的采访

目前各图书馆,尤其是高校图书馆,购置期刊数据库的经费在文献经费支出中所占的比例呈逐年上升的趋势,期刊数据库已经成为图书馆馆藏文献资源的重要组成部分,也是衡量图书馆现代化水平的重要指标之一。在文献经费紧张和需求扩张的双重压力下,图书馆需要科学合理地评价数据库的优劣,科学合理地分配和使用有限的文献采购经费,优化信息资源配置,才能最大限度地满足读者广泛的信息需求,建设具有特色的馆藏文献结构。期刊数据库的采购模式主要有三种:单馆采购、联盟采购和集团采购。

1.单馆采购

这种采购方式通常指各图书馆作为独立的用户独自与数据库制造商或代理商进行谈判,签订协议购买所需数据库。采取这种方式采购的通常是价格不高但利用率较高的数据库,以国内的中文数据库居多,如CNKI系列数据库、万方数据资源等。这些数据库里面又分不同的子库或专辑,可以根据读者的需求和本馆文献资源建设的需要选择重点的子库或专辑购买。[①]

2.联盟采购

在数字资源快速增长而购置经费短缺的情况下,许多图书馆基于资源共享、互惠互利的目的结成同盟来进行密切的馆际合作,采用联盟采购的模式采购电子资源。参加图书馆联盟采购有很多好处,可以通过联盟的影响力和成员馆的凝聚力,以组织的形式给数据库商施加压力,以降低电子资源的采购价格;通过分摊,增强电子资源购买力,共同拥有电子数据库的使用权,以扩大可用的电子资源;建立基于协议标准的馆际互借和文献传递系统;便于构建统一的检索系统,为用户提供基于异构系统的资源跨库检索服务;各馆分工保存电子资源,可以节省存储空间。

3.集团采购

集团采购与联盟采购类似,只不过集团的组织形式与联盟相比更加稳定、组织制度更加健全。集团采购分为全国集团、地区集团和省集团三种类型。各图书馆可根据自身馆藏体系建设目标、网络条件和经费情况等自由选择参加或不参加。

二、非采购方式的采访

常见数字资源的获取除了采购以外,还有受缴、数字化、导航、交换、受赠几种形式。

(一)受缴

目前权威级受缴图书馆就是国家图书馆,其他图书馆不能通过受缴形式获取数字资源,只有国家图书馆享有免费接受出版单位呈缴的电子出版物和音像资料样品的权利。因此,实体类的电子出版物和音像资料的受缴就成为国家图书馆进行数字资源建设的主要途径,目前国家图书馆超过70%的实体型中文电子出版物和音像资料是通过受

①王丽云.数字时代公共图书馆信息资源采集的方式与特点[J].黑龙江档案,2013 (04):123.

缴收集的。

(二)数字化

文献数字化是图书馆获取数字资源的重要手段,也是高校图书馆数字信息资源采访的重要方式,其目的是实现传统资源的广泛存取和保存保护。文献数字化不是简单的数字化复制,而是通过数字化方式对图书馆馆藏进行系统整理、深度加工、精细标引和知识组织的过程,是对传统文献内容的增值。因此,文献数字化的核心不在于技术,而在于知识组织和管理。图书馆可以根据本馆馆藏情况,选取特色有价值的文献进行数字化加工,获取数字资源。

(三)导航

导航是图书馆获取数字资源的辅助途径。互联网上免费的和开放存取的数字资源,如学术搜索引擎、学科门户、开放存取资源,已成为广大用户不可或缺的科研工具和信息来源,具有较高的学术参考和利用价值。图书馆需要将这些数字资源进行有效组织和整合,与其他馆藏资源一起给图书馆用户提供一个完整的信息空间,建立专题导航。

(四)交换

交换也是图书馆进行数字资源建设的辅助途径,是图书馆间或图书馆与其他文献收藏机构间相互交换文献、互通有无、丰富馆藏的一种方式。图书馆通过交换有时可以得到无法采购到的资源品种。交换分为直接交换和间接交换、国内交换和国际交换。

(五)受赠

捐赠指个人、机构或社会团体主动地向图书馆赠送文献的方式,它是图书馆获得珍贵文献的一种重要方式,但对于数字资源来讲,受赠也只是一种辅助途径。某些数字资源出版商或供应商,为推广其核心产品,有时会将赠送作为一种促销的手段。

第四章 高校图书馆信息资源建设的组织管理

第一节 高校图书馆信息资源建设的组织管理概述

一、信息资源组织管理的概念和意义

(一)信息资源组织管理的概念

信息资源组织管理,就是图书馆对所收集的信息进行有序化与优质化组织,即按照一定的要求采用一定的科学规则和方法,通过对信息外在特征和内容特征的表述和排序,从而实现无序的信息流,向有序的信息流的有机转换,使信息的集合达到有机的组合、科学的排序和有效流通,促进用户对信息的有效利用和获取。也就是以现代技术为手段,对信息资源进行计划、组织、调控的活动过程。

(二)信息资源组织管理的意义

图书馆收藏了大量的多样化信息资源,虽然拓展了用户选取信息的时空,在很大程度上满足了用户对信息需求的意愿,但这些多样化的信息对用户利用信息又造成了新的困难。不同的信息系统由于其所依赖的技术环境不同,造成检索方法、检索界面的复杂性、差异性,要求用户要掌握多种检索方法,增加了信息查询的难度;不同类型、载体的信息缺乏必要的联系,造成用户查找、检索的困难和时间的浪费;不同来源的信息资源不可避免地出现重复、冗余,影响了用户对信息查询的准确率;不同载体形态的信息资源之间缺乏关联,影响了信息查询的查全率。

图书馆对入藏的信息资源进行科学合理的整合,使重复、冗余的信息被剔除掉;使分散无序的信息资源有序化;使纷繁复杂的查找方式、检索界面得到统一,从而使用户轻松地获取所需的信息;使各类型、各载体信息分布规律化。因此,图书馆对入藏的信息资源进行科学合理的整合,是十分必要的,现代图书馆无论在管理观念上,还是在服务的技术手段上,都比传统的图书馆更重视也有条件从事信息资源的开发利用,图书馆员提供的不再是被动的服务和简单的文献保存与传递工作,而应当成为信息的管理者和导航员。其首要任务就是通过对不同类型、不同载体的信息的有序化、优化整合,为用户在信息海洋中寻求知识,提供帮助甚至直接提供知识,增强信息资源的活性与利用价值,进而通过对信息的分析、研究,把研究成果提供给社会,从而实现信息的增值。

二、信息资源组织管理的原理

指导信息资源组织与管理的基本原理主要有系统原理和控制理论。

(一)系统原理

系统原理是现代图书馆信息资源建设的重要指导思想,并在信息资源组织管理的序化阶段,发挥着重要的指导作用。系统论认为,系统是由多个相互联系、相互制约的要素所构成的有机整体,并按照目的性原则、整体性原则、层次性原则、有序性原则、联系性原则运行。图书馆馆藏也是一个系统,是一个由相互联系的多种不同成分的信息资源组成的一个具有特定功能的有机整体。尤其是在现代图书馆信息资源组织管理中,印刷型信息资源与数字信息资源长期并存互补,现实馆藏与虚拟馆藏又各自独立。如何按照图书馆信息资源建设的整体目标形成完整统一的信息资源体系,则是图书馆信息资源组织管理的一项长期任务。所以,网络环境下的馆藏信息资源的组织就应充分运用系统原理,正确处理好各种信息资源之间的关系,在有效保存和利用印刷型信息资源的同时,强化数字信息资源的收藏与组织,相互补充,适度并存。在处理现实馆藏与虚拟馆藏的关系时,既不能排斥虚拟馆藏,也不能过分依赖虚拟馆藏。所以,馆藏信息资源的组织管理,就是借助于系统原理对馆藏信息资源进行科学、合理的空间组合,充分发挥馆藏信息资源系统功能的活动过程。

(二)控制原理

控制原理是控制论的理论核心。在控制过程中,控制者通过对系统不断施加作用和影响来达到系统预定的运行目标,而系统则在不断适应运行目标的过程中及时反馈各种信息,使控制者纠正偏差,确保目标的实现。控制原理和系统原理有着内在的联系,如果说控制原理是解决系统运行状态和规律问题的理论基础的话,那么系统原理是解决系统自身组织层次问题的理论基础。①

一个最佳的馆藏信息资源系统,不仅能够将系统内的各要素进行有机结合,合理周转和运行,而且还应具有不断自我调节和与时俱进的功能。这些功能的实现都有赖于控制原理的指导和运用。馆藏信息资源管理的目的是优化馆藏信息资源结构,完善信息资源体系的调节与控制功能,并达到最佳的运行状态,从而使馆藏信息资源不断适应社会发展的需要,最大限度地满足社会信息需求。在图书馆信息资源组织管理中如何建立控制与协调机制,实现信息资源体系的结构优化和布局的整体性目标,是馆藏信息资源组织与管理的重中之重。

馆藏信息资源组织与管理是辩证统一的整体,馆藏信息资源的组织是信息资源建设的基础性工作,是将馆藏信息资源由分散变整体、由孤立变系统的过程;而馆藏信息资源的管理则是在有序化的基础上,针对某种目的,依照结构功能优化原理对信息资源结构进行优化的过程,它是信息资源序化的继续与升华。馆藏信息资源组织管理是图书馆实现信息资源社会利用的最重要的条件之一,是实现信息资源不断增值,提高社会价值的主要依据。

---

① 曹义. 我国高校移动图书馆信息资源建设研究[D]. 武汉:华中师范大学,2016.

三、信息资源组织管理的内容

信息资源组织管理大体涉及三个层面的内容。

(一)信息资源布局结构的规划与组织

信息资源体系结构的规划是图书馆信息资源开发利用的关键和核心问题。发挥馆藏信息资源的作用,最大限度满足图书馆读者不断变化的信息需求,是对信息资源组织管理的具体要求。信息资源布局的结构直接影响着图书馆服务的保障能力。信息资源布局结构规划的目标是将相对有限的信息资源组织成为一个具有科学层次结构和合理空间布局的网络系统和保障体系。它需要解决四个方面的问题:①选择什么样的模式组织馆藏信息资源;②选择什么样的思路保证馆藏信息资源的持续发展;③选择什么样的方式序化馆藏信息资源;④选择什么样的策略提供读者利用。

为实现这一目标,图书馆信息资源的组织与管理应做到:在空间区域上,以馆藏信息资源的学科分布为主线,将各种载体的信息资源与读者的信息需求有机结合起来,形成不同的信息资源利用空间;在时间范围上,充分反映和有效组织不同时期人类文化知识成果,传承历史,延续人类文明的发展脉络;在数量发展上,强调存量与增量的配置,品种与复本的关系处理,各种载体形态的信息资源相互补充。力图通过对信息资源组织结构层次规划和研究,建立最优化的馆藏信息资源组织模式,形成结构合理的信息资源保障格局。

(二)信息资源的序化和管理

信息资源的序化和管理是图书馆信息资源组织管理基础性的工作内容,是在信息资源布局结构规划的指导下所开展的具体活动,目的在于保持图书馆信息资源体系的层次性、有序性及有效性。

信息资源序化和管理包括信息资源的组织与排架、信息资源的复选与剔除、信息资源的保存与保护等工作内容。信息资源的组织与排架是按照一定的排列方式对图书馆已加工处理的信息资源进行的再序化,以确定信息资源准确位置的过程;信息资源的复选与剔除是对图书馆信息资源内容进行的再筛选,以优化馆藏结构,节省馆藏空间,增加馆藏信息资源体系活力的过程;而信息资源的保存与保护则是对馆藏信息资源的载体形态的维护和修复、延长信息资源使用寿命的过程。可以看出,馆藏信息资源的序化和管理是一个建立信息资源流通渠道的完整过程,其畅通与否直接影响图书馆读者对信息资源的利用效率,影响信息资源体系利用的质量。

(三)信息资源评估活动的组织

信息资源的评价是图书馆信息资源建设中的重要内容,也是信息资源组织管理工作的最后一个重要环节。信息资源体系评价活动是对信息资源组织管理工作进行的全面检验,也是对信息资源体系运行状态进行的目标校正和信息反馈。它通过运用各种定性的和定量的方法,对信息资源体系的结构和功能进行检测,找出既定目标与实际效果之间的差异,为完善信息资源体系的功能,优化图书馆信息资源体系结构,提高图书馆服务能力提供可靠的依据。

信息资源评价的对象是信息资源,包括传统馆藏信息资源中的印刷型文献和少量的缩微文献、声像资料、机读资料和光盘,以及数字馆藏中的各种电子文献和数据库,同时还包括以联机数据库和网络信息资源为主的虚拟馆藏。因此,对馆藏信息资源质量评价的内容应充分体现其整体性,不仅要对图书馆的馆藏能力以及馆藏建设的系统运行状态进行全面地衡量,实施总体控制与调节,而且还应对馆藏信息资源建设的全过程进行检验,分析信息资源采集与组织管理的方针与原则、发展规划及相关政策、经费配置等问题。

四、信息资源组织管理的方法

随着图书馆电子化、数字化信息资源的迅速发展,信息资源品种和数量不断增多,馆藏信息资源体系不断扩展,信息资源的组织管理方法也多种多样。信息资源的组织管理大体可以从信息资源内容和信息资源形式两个方面进行。

（一）从信息资源内容方面组织

对图书馆信息资源从内容方面进行组织是馆藏信息资源组织的重要方法之一。它是根据信息资源的内容特征,使用一套含有语义关系的符号系统来组织信息资源。这种信息资源的组织方法就是内容组织法。内容组织法对馆藏信息资源不仅具有有序化功能,而且对图书馆读者的信息资源利用来说还具有引导和认知的功能,是信息资源组织的核心方法。常用的内容特征组织法有分类组织法、主题组织法。

第一,分类组织法是一种按照学科或体系范畴,依据类别特征组织和排列馆藏信息资源的方法。由于分类是人类活动中基本的思维方式,是从本质上揭示和把握事物之间的区别与联系的重要手段。因此,分类组织法是以知识属性来描述和表达文献内容关系的一种馆藏信息资源组织方法。

第二,主题组织法是根据信息资源内容相关主题概念的特征进行馆藏信息资源组织的方法。如果说分类组织法是信息资源内容的逻辑关系顺序进行馆藏信息资源组织的话,那么主题组织法则是从事物本身、从文字的形式上进行馆藏信息资源组织的方法。它以语词作为检索标识,按字顺进行馆藏信息资源的排列,并将同一主题的内容聚集在特定的空间内提供利用,具有较强的直观性。

（二）从信息资源形式方面组织

从信息资源形式方面进行组织的方法是指根据信息资源的外部形式特征和物质形态特征进行组织的方法。由于馆藏信息资源的多元化,使图书馆信息资源的组织利用方式多种多样,这种多维的特点形成了读者利用的基本条件,也是馆藏信息资源组织序化的基本要素,因此,按照信息资源的外部形式特征和物质形态特征进行信息资源组织就成为信息资源组织的基本方法。常见的组织方法有:出版形式组织法、载体形态组织法、时序特征组织法、地序特征组织法等。

第一,出版形式组织法。根据信息资源的出版编辑形式进行的组织方法。图书馆按照信息资源的出版形式,将信息资源划分成图书、连续出版物、特种文献等不同的组织空间,在构建馆藏信息资源集中利用通道的同时,也便于按照信息资源的出版特点进行集中管理,如注重图书收藏的系统性与针对性,注重特种文献收藏的完整性和全面性,注重连续出版物收藏的连续性和时效性等,使图书馆信息资源体系得到充分的体现与利用。

第二,载体形态组织法。根据馆藏信息资源外部单元的载体形态特征进行组织的方法。在信息技术环境下,新型的信息载体不断出现,改变了图书馆信息资源体系的载体结构,丰富了图书馆馆藏信息资源的类型。为了使不同类型馆藏信息资源被读者所认知和利用,图书馆根据信息资源的载体形态(如磁带、光盘、网络等)不同特点,组成不同资源的管理和利用区间,如很多图书馆将光盘文献、视听资料、缩微文献等采取集中组织的方式,在全面了解信息资源载体特征的基础上充分发挥不同载体形态资源的作用,指导读者进行有效利用。

第三,时序特征组织法。根据信息资源编辑出版的时间特征进行馆藏信息资源组织的方法。这种信息资源组织方法体现了信息资源收藏的历史价值,反映了馆藏信息资源的形成和发展的历史脉络。同时,这种馆藏信息资源组织方法还能够使读者掌握相关信息资源的发展历史和社会价值。如图书馆将珍藏的古籍善本文献按照时间的顺序进行区分和集中组织,以实现妥善保存和有效利用的目的。

第四,地序特征组织法。根据信息资源内容涉及的国家和地区以及信息资源出版的地理区域特征进行馆藏信息资源组织的方法。它能以地区为中心集中所有的相关馆藏信息资源,反映某一地区的历史面貌和发展,因此具有较强的系统性和地方性。如图书馆对地方文献的组织就宜采用这种方法,既突出了地方特点,也便于读者查找和利用。

总之,馆藏信息资源组织方法多种多样,图书馆可以根据自己的馆藏特点和读者的实际需要进行选择和利用。

第二节　印刷型馆藏的组织管理

一、印刷型馆藏的组织

印刷型馆藏是图书馆馆藏中以纸张为载体,以油印、石印、胶印、铅印和复印等印刷方式来记录信息和知识而形成的一种文献形式的信息资源的集合。印刷型馆藏一直是现代图书馆馆藏中不可或缺的重要组成部分。

（一）印刷型馆藏的布局

所谓印刷型馆藏布局,是指将图书馆入藏的全部印刷型文献,按照一定的标准,划分为相对独立联系的若干部分,建立各种功能的书库、为每一部分藏书确定合理的存放位置,以便保存和利用。印刷型馆藏布局的实质就是对印刷型馆藏信息资源进行空间位置上的科学、合理划分,力求使印刷型馆藏信息资源与读者需求达到最佳结合点。

印刷型馆藏布局所研究的具体问题是,对所收藏的文献怎样依据科学的布局模式,使其发挥最大的效益,最大限度地满足用户的需求利用,以及所收集的印刷型信息资源采选到馆后,怎样科学合理的将其分配到适合的印刷型信息资源收藏地点。

1.印刷型馆藏布局的依据与要求

印刷型馆藏布局是为有效利用和妥善保存印刷型信息资源的目的而进行的一项活动,它由以下几方面的因素决定。

第一,图书馆的任务和读者需求。不同类型的图书馆,所担负的服务任务不同,读者的需求特点和规律不同,按需设置,区别服务,是馆藏布局的一个重要出发点。

第二,印刷型馆藏信息资源的数量、质量和学科、等级、文种、时间及印刷型信息资源类型的供求状况,决定了馆藏布局的结构、功能和规模。

第三,人力、物力、财力条件及图书馆建筑格局。印刷型馆藏布局的规模、藏书点的多寡,必然受到图书馆人员、馆舍、设备、资金等物质条件的制约。此外,图书馆的建筑格局也客观的制约着印刷型馆藏布局。比如,书库空间狭小则限制了印刷型馆藏信息资源的借阅一体化布局,制约了图书馆构建大空间的印刷型信息资源收藏与利用模式的发展。

因此,印刷型馆藏的布局要综合考虑以上制约因素,要通过科学的组织与规划,使印刷型馆藏信息资源在客观条件许可的情况下发挥最大的作用。

一个理想的印刷型馆藏布局体系,应满足以下要求:①有利于提高印刷型馆藏资源利用率,充分发挥印刷型馆藏信息资源的效益;②有利于满足不同读者的需要,提高图书馆服务工作的效率;③有利于充分利用图书馆的有效面积,节约书库和阅览室的空间;④有利于印刷型馆藏资源的馆内流动,并与图书馆其他资源利用相协调;⑤有利于图书馆工作人员熟悉和研究印刷型馆藏,便于开展灵活、迅速、周到的服务;⑥有利于印刷型信息资源的保管,避免丢失和损坏,延长印刷型资源的保用寿命。在图书馆实际工作中,以上要求不可能完全实现,要互相兼顾,也要有所取舍。①

2.印刷型馆藏布局的原则

尽管各图书馆由于类型不同、方针任务的差别和规模大小的不同,其印刷型馆藏信息资源的布局也不尽相同,但他们在遵循印刷型馆藏布局的原则时还是有共同点的,主要表现在以下三个方面。

(1)方便用户利用的原则

印刷型馆藏信息资源是供用户利用的,印刷型馆藏信息资源布局的目的就是最大限度地方便用户的利用。因此,方便用户利用是印刷型馆藏布局遵循的首要原则。

---

①刘建华.新技术环境高校图书馆组织管理体系优化研究[D].兰州:兰州交通大学,2019.

（2）充分发挥印刷型信息资源功能的原则

印刷型馆藏信息资源布局在最大限度地方便用户利用的同时，要体现充分发挥各学科专业、各类型文献的使用功效的原则。功能明确是印刷型馆藏信息资源整体质量不断提高的前提。因此，在印刷型馆藏布局划分时，要考虑主要用户群对印刷型信息资源的需求利用情况，各学科专业、各类型印刷型信息资源之间的有机联系。

（3）印刷型信息资源运转灵活的原则

印刷型信息资源运转灵活的原则是指各文献库文献布局的方位，要便于用户选择、借阅，便于馆内对文献的日常整理，便于各文献库间文献的调整流动，便于文献从采编部到各文献库、借阅处、阅览室、参考咨询室之间的迅速地运转交流。

3.印刷型馆藏布局的方式

印刷型馆藏布局的方式多种多样，它们从不同方面、不同程度上体现出印刷型信息资源布局的要求。

（1）展开式水平布局

展开式水平布局主要适用于直接面向读者的开架流通书库。由于这种布局形式的书库、阅览室、借书处都是在同一水平面上，因而便于读者对图书馆印刷型资源的查找和利用，提高馆藏利用效率。这种布局方式的不足是占据空间范围大，印刷型文献传递路程长，限制了自动化传递装置的使用，书库的建筑造价高，同时不利于印刷型资源的保管。

（2）塔式垂直布局

塔式垂直布局主要指塔式书库。这种塔式书库主要适用于闭架流通书库和保存书库。其优点是能使藏书在最小的空间范围内得到最大程度的集中，保持了藏书的安全状态，同时使得书库藏书接近各阅览室，与读者保持短距离联系。现在许多大中型图书馆的书库都采用了这种结构。其缺点是每层书库都要设置管理员，或者是管理员负责几层书库，这样不仅体力负担过重，还会降低劳动效率和为读者服务的效率。此外，这种书库大都安装全自动或半自动的运输设备和联系设施,所占空间太大,提高了馆舍的建筑费用和使用费用。

（3）立体交叉式混合布局

立体交叉式混合布局是对不同的印刷型文献采用不同的布局形式,常用书尽可能放在和阅览室处于同一平面的书库,使其最接近于读者;不常用图书放在书库中不与阅览室相连的垂直位置上,形成立体的交叉布局。一般来说藏书规模在10万册以下的小型图书馆通常采用水平布局,使图书的采、分、编、典、流形成一个直接的平面的工作流程;而10万册以上的中型图书馆则应有单独的书库建筑,藏书布局以一两种方式并用;对于100万册以上的大型图书馆,一般建立塔式书库,藏书采用立体交叉式布局。

（4）三线典藏制布局

所谓三线典藏制,就是按照印刷型馆藏信息资源的利用率高低及新旧程度,结合服务方式,将其依次划分为三个层次,组成一、二、三线的布局体制。一线书库布局特征是提供利用率最高、针对性最强、最新出版的印刷型信息资源,供读者开架借阅;二线书库的布局特征是提供利用率较高,参考性较强、近期出版的印刷型信息资源,可根据情况供读者开架借阅或查目借阅;三线书库的布局特征是集中收藏利用率低的、过期失效的以及内部备查参考的印刷型信息资源。

三线典藏制的理论依据是美国图书馆学家特鲁斯威尔总结的印刷型馆藏信息利用的"二八率",即在图书馆全部的印刷型馆藏信息资源中,大约20%的常用印刷型信息资源满足了80%的借阅需求,其余80%的印刷型馆藏信息资源仅能满足20%的读者需求。由于印刷型馆藏信息资源得到充分的利用,因而这是一种科学合理的印刷型馆藏信息资源布局方式。

（5）藏借阅一体化布局

所谓藏借阅一体化布局,是一种全开架布局,它利用计算机技术、通信技术、网络技术等信息技术,采用统一管理方式,即大开间、少间隔的建筑格局,各处设有桌椅,方便读者就近阅览,印刷型文献按学科、知识门类集中起来,读者可以随意浏览和自由获取,除特藏文献和现刊以外,其他印刷型文献尽量不单设阅览室。

藏借阅一体化布局的优点主要体现在:提高印刷型馆藏信息的利用率;减少复本,节约购书经费;节约人力资源,提高服务质量。

藏借阅一体化布局的要求主要有:①图书馆建筑设计要体现灵活性,功能转换要便利。②管理模式要更新。③强化用户参与意识和自我服务能力。④提高馆员的参考咨询能力。⑤营造人性化学习环境,形成藏、借、阅、管为一体的综合性功能空间。

(二)印刷型馆藏的排架

印刷型馆藏排架,就是将印刷型馆藏信息资源有序地陈放在书架上,并形成一定的检索体系,使每一种印刷型信息资源在书库及书架中都有固定的位置,便于图书馆员及读者能准确的取书与归架。

1.印刷型馆藏排架的目的与要求

印刷型馆藏排架的目的,是为了便于藏书的检索利用。为了达到检索利用的最佳效果,对藏书排架有以下几个方面的要求。

第一,利于提高检索效率,取书、归架迅速简便,节省时间和体力消耗。

第二,建立实用的排列系统,便于馆员直接在书架上熟悉和研究馆藏,也便于读者选择使用藏书。

第三,建立准确清晰的排架标识,尽量减少误差。

第四,充分利用书库空间,节约书库面积,减少倒架的麻烦。

第五,有利于对藏书进行管理,便于藏书清点和剔除。

在实际工作中,要满足按内容系统选书和研究馆藏的需求,往往与提高检索效率和排架经济简便相矛盾。因此,要选择适合不同类型藏书的排架方法,尽可能找到各种排架方法的结合点,以便灵活地加以运用。

2.印刷型馆藏的排架方法

印刷型馆藏排架方法,按出版物的特征标识,可分为两大类型:第一类是内容排架法,以出版物的内容特征为标识,包括分类排架、专题排架。其中,分类排架是主要排架法。第二类是形式排架法,以出版物的形式特征为标识,包括字顺排架、固定排架、登记号排架,以及文别排架、年代排架、书型排架等。

（1）内容排架法

内容排架法指以印刷型信息资源内容特征为排架标识而进行排架的方法。它又分为分类排架法和专题排架法。

第一,分类排架法。分类排架法是按照印刷型信息资源本身内容所属的学科体系来排列藏书的方法。由于这个体系与图书分类体系相一致,所以分类排架就是以图书分类系统为主体排列藏书。分类排架号由分类号和辅助代表同类图书的区分号组成。分类排架先按分类号顺序排列,分类号相同,再按区分号排列,一直区分到各类图书的不同品种。区分不同品种、不同书名以至不同版本的区分号,通常有著者号（字顺号）、种次号、登记号等。

分类排架法的优点是:①使内容相同的书集中在一起,内容相近的书联系在一起,内容不同的书区别开来。②便于馆员系统地熟悉和研究藏书,为调整藏书结构提供依据,也便于宣传推介图书,有效地指导阅读。③便于读者直接在书架上找到同类书或相近类藏书,扩大借阅范围。

分类排架也有一些明显的缺点:①书架不能排满,造成空架的浪费,不能充分利用书库空间。②当新书大量增加、某些类别图书排架饱和、同类新书无法排进而又必须集中在一起时,则需要进行倒架,倒架耗费较多人力和时间,增加劳动强度。③分类排架号是内容与形式的双组号,排架号码较长,造成排书归架速度较慢,容易出错,造成检索困难。

第二,专题排架法。专题排架法也是按出版的内容特征排列藏书的方法。它是将出版物根据一定专题范围集中起来,向读者宣传推荐,带有专架陈列、专架展览性质。专题范围与分类范围不同。分类是纵向层次展开,专题则是横向范围的集中,它打破了科学隶属界限,将分散在各个小类甚至大类下的同一专题的出版物集中在一起,提供给某一专题内容感兴趣的读者。专题排架法机动灵活,适应性强,通常在外借处、阅览室及开架书库,用来宣传某一专题、某一体裁的新书。它是一种辅助性内容排架法,不能按它排列所有的藏书,只能排列部分藏书。

（2）形式排架法

形式排架法是按照藏书的外部特征来进行藏书排列的,主要有以下六种方法。

第一,登记号排架法,主要按图书馆为每一本书刊编制的个别登记的顺序排列藏书。这些登记号只反映出版的先后顺序或入藏的先后顺序,而不管它们的内容归属。按个别登记号排列出版物,简单清楚,一书一号,方便取书、归架、清点,但不能反映出版物的内容范围,不便直接在书架上检索利用。

第二,固定排架法,即按照出版物的固定编号排架。图书馆给每本书刊按入藏先后编制一个固定的排架号,这个固定排架号由四组号码组成,分别是库室号、书架号、层格号、书位号。固定排架的优点是号码单一,位置固定,易记易排,节省空间,不会产生倒架现象。其缺点是同类同复本书不能集中在一起,不便直接在书架上熟悉、研究与检索藏书。我国国家版本图书馆,即采用固定排架法,密集排列各种长期保存的样本书。

第三,字顺排架法是依据一定的检字方法,按照出版物的书名或著者名称的字顺排列藏书的方式。中文书刊通常采用四角号码法、笔画笔形法、汉语拼音字母来确定排架顺序。外文期刊及连续出版物,按刊名字母顺序排列。字顺排架法可以单独用排列闭架的中外文期刊,并同年代顺序结合使用。作为一种辅助性方法,它同分类排架法结合,成为分类字顺排架法。尤其是分类著者排架法,用来排列中外文普通图书,使同类著者同复本的书集中在一起,便于读者检索使用。

第四,年代排架法指按出版物本身的出版年代顺序排列藏书的方法。这是一种辅助性组配排架法,特别适用于排列过期报纸杂志合订本及其他有年代标志的连续出版物。

第五,文种排架法,按出版物本身的语言文字,排列各种外文文献。这是又一种辅助性组配排架法。文种排架号通常由两组或两组以上的号码组成：文种号、分类号、著者号，或文种号、年代号、字顺号等。

第六，书型排架法，按出版物的外型特征，分别排列特体规格或特殊装帧的书刊资料，是一种辅助性组配排架法。这种排架法，将不同类型、不同规格的出版物区别开来，并用不同的字母标示特殊类型、特殊规格的出版物。

3.各类型印刷型信息资源的排架

在藏书排架实践中，图书馆对不同类型、不同用途的藏书，采用不同的排架方法，并用两种以上的排架法结合使用，以发挥各种排架法的固有长处，克服各自的局限性。

第一，中外文普通图书的排列，一般采用分类与字顺（著者字顺、书名字顺）或分类与序号（种次号）组配，以分类著者号、分类书名号、分类种次号为排架号。其中，分类种次号排列法比较简单，容易掌握，工作效率高，但不能集中同一门类中同一著者的著作。分类著者号不仅能集中同一门类的图书，而且还可以在同一门类中集中同一著者的著作。这两种排列法，为较多图书馆所采用。

第二，期刊排列的方法繁多，一般来说，现刊宜采用分类排架，方法有两种：一种是分类刊名字顺排架法，另一种是分类种次号排架法。两种方法均先将现刊按知识门类分类，同类的现刊再按文种区分，然后，前者对同类、同文中的各种现刊按刊名顺序排列，后者则按种次号排列。过刊一般情况下按不同文种分开排架。同文种过刊可采用形式排架或分类排架。形式排架法有三种可供选择的方法，一是刊名字顺排架法，即按期刊名称字顺排列，同种期刊按年、卷数字顺序排列。二是登记号排架法，即按过刊合订本的财产登记号顺序排列。三是种次号排列，给每种期刊按其到馆先后顺序编一种次号，然后按此号顺序排列。分类排架则和现刊分类排架相同，一是分类刊名字顺排架法，二是分类种次号排架法。

第三，资料一般用形式排架法排列。内部资料和零散资料，出版形式多种多样,篇幅也较小,应装入资料盒或资料袋中,采用登记号顺序排架。科技报告、专利说明书、技术标准等特种文献资料,因原来就编有各自的报告号、专利号、标准代号,所以可按原编号的顺序排列,原编号就是索取号。

第四,版型特殊的图书,如大开本书、图表、卷简等,采用书型排架法并和其他排架法配合。一般是先分成几个类型,以不同字母标示,即书型号,然后再在同一类型中再按登记号排,由书型号和登记号构成该书的索书号。

二、印刷型馆藏的管理

印刷型馆藏的管理就是将已经采访的印刷型信息资源,按照一定的要求,进行登记、编目、典藏、流通、调配和保护等工作过程。其目的在于保持印刷型馆藏信息资源处于良好的工作状态,充分有效地为读者所利用,长期完整地保存下去。

(一)印刷型馆藏的登记

1.印刷型馆藏登记的意义

印刷型信息的登记是印刷型馆藏管理的第一步。图书馆对采访到馆的印刷型信息资源以及印刷型信息资源收藏的变化情况(如遗失、剔除、寄存等)进行准确记录的工作,称印刷型馆藏登记。

通过馆藏登记,可以了解和掌握全馆印刷型馆藏信息资源发展的总动态,有利于掌握和了解馆藏、文献清点、文献保管等工作;统计分析各类印刷型信息资源发展变化的数量比例,检查书刊经费的分配使用情况,为制定和修改馆藏补充计划和馆藏发展规划提供精确的统计资料及可靠的书面依据。同时也可以了解具体到某一册文献的具体细节信息。凡是到馆的印刷型信息资源,无论是购买的、赠送的、呈缴的,还是通过其他方式到馆的印刷型资源,都要进行登录。同时对于遗失、损毁、剔除的印刷型资源也必须予以注销登记。馆藏登记的基本要求是完整、准确、及时、一致。登记财产账目记录的印刷型信息资源数量要与实际馆藏印刷型信息资源数量相符合。

2.印刷型馆藏登记的方法

现在各高校图书馆都采用图书馆集成管理系统进行登记验收,印刷型信息资源登记一般是在图书馆集成管理系统中按入藏的先后次序进行,每一册印刷型文献都给一个登记号,又称入藏号;每一批入藏文献给一个批次号。因此,当前的印刷型馆藏登记合并了传统登记的总括登记和个别登记,只需在采访模块中的验收模块一次性登记各种信息就可完成验收登记工作。登记内容包括登记日期、登记批次号、印刷型文献来源、文献种数册数、单册价格、本批次文献价格、文献登记号、本批次起止登记号、登记验收的 MACR 数据等。

(二)印刷型馆藏的编目

印刷型馆藏的编目实质就是对文献进行编目及完成编目后所进行的编目组织。

所谓文献编目是按照特定的规则和方法,对文献进行著录,制成款目并通过字顺和分类等途径组织成目录或其他类似检索工具的活动过程。其主要作用是记录某一空间、时间、学科或主题范围的文献,使之有序化,从而达到宣传报道、检索利用和管理文献的目的。

文献编目工作,必须事先确定和准备好所要采用的著录规则(编目条例)、分类法、主题词表、著者号码表、分类规则、主题标引规则以及目录组织规则等。

目前各高校图书馆都采用联机合作编目。所谓联机合作编目,就是在特定范围的图书馆编目机构,在约定的规则下,通过一定的技术手段,使本地终端或工作站(客户端)与远程中心数据库相连,即时实现记录的处理和传送,达到编目工作的共建和共享。

联机合作编目流程一般包括文献著录、文献分类和主题标引、文献技术加工、打印批次财产账等基本程序。以图书馆图书编目为例:图书经过采购或缴送、交换等途径到馆并进行财产登记验收以后,即转到编目部门(或环节)进行编目加工。

要先进行查重,以确定是否为已经编目的复本书。如果是复本书,则无需再进行编目,只要在编目数据上添加登记号然后保存即可。

如果是未经编目的图书,则按照所采用的著录规则进行著录,同时按照所采用的图书分类法和主题词表进行分类和主题标引,将著录项目、分类号和主题词等按照规定的格式著录在MARC数据上,采用著者号码来区别同类图书的,还须按照特定的著者号码表给出著者号码,并将其(或者按其他方法确定的种次号)记录在分类号下一行以组成索书号进行存盘,一条MARC编目数据即完成,打印本批次财产账。同时,对已编目的图书进行图书技术加工,如粘贴书标等,以便于图书排架和流通阅览。编目组织工作可根据书名或分类等途径由计算机自动完成。

(三)印刷型馆藏的典藏

1.典藏及典藏的作用

印刷型馆藏典藏就是将已分类、编目、加工和整理好的文献,按照一定的馆藏分布原则,进行科学合理的保存和管理。它作为图书馆馆藏建设工作中重要的一个环节,使馆藏与读者需求能在最恰当的地方得以相互沟通并达到结构的合理化、布局的实用化、保管的科学化及利用的最佳化。典藏工作包括文献分配、调拨、清点和剔旧。印刷型馆藏典藏的作用有以下三方面。

(1)有利于实现馆藏资源的调配

图书馆典藏工作在验收图书后,根据图书的采购数量、类型以及读者的阅读需求对各库(如社会科学库、自然科学库、工具书库、外文书库、特色库)图书的设置进行调配,以保证图书"藏"与"用"的合理性。因此,典藏部门通过对图书的合理调配,有效地提高了图书馆图书资源的使用效率。

(2)有利于实现馆藏管理的反馈

图书馆的采访人员要依据图书的藏书数量、各类图书借阅量等信息进行图书采购,而典藏部门的统计数据恰好可以为采购工作提供完整的采购反馈信息,使图书提供与读者阅读需求的契合度更高。因此,图书馆典藏统计数据对于采购工作的信息反馈非常重要,管理者要想实现图书馆馆藏科学、可持续发展,就必须给予典藏统计数据足够的重视。

（3）有利于馆藏资源的清点和剔除

图书馆印刷型馆藏信息时效性都很强，因此，图书馆为提高资源典藏质量和提高利用率，同时也由于馆藏规模，需要定期对印刷型馆藏资源进行清点和剔除，以实现馆藏资源的"新陈代谢"。而典藏统计、典藏数据等信息就是管理人员完成清点和剔除工作的依据，清点和剔除工作是图书馆典藏管理中最为复杂的工作，应谨慎进行。

2.典藏分配

典藏分配就是根据新书典藏分配的规则，如本馆印刷型信息资源的布局模式、复本分配的标准、外借与阅览的比例、总馆与分馆的关系、接收新入藏印刷型信息资源的各个书库或阅览室的性质和任务以及它们之间的分工等，将新入藏文献分配给各书库或阅览室，以满足读者的借阅需求。

3.典藏调拨

图书馆馆藏管理是一个动态的过程，为了使印刷型信息资源的布局达到最佳状态，必须对印刷型信息资源的布局、印刷型信息资源收藏地点的分配进行科学合理的调配，从而使印刷型馆藏资源随时随地都能得到最充分的利用。

典藏人员依据一段时间印刷型文献借阅的实际情况，或是印刷型文献收藏地点的设置发生变化，对原有分配到各书库及各借阅室的藏书进行重新调整，以利于充分发挥馆藏文献的作用，最大限度地满足读者的借阅要求。建立和健全统一的典藏调拨制度，是对印刷型馆藏信息资源进行科学管理的保证。

4.典藏清点

印刷型馆藏的清点是按照一定的馆藏记录，核对印刷型馆藏信息资源，以核实印刷型馆藏信息资源的实存情况和短缺情况。

清点工作的目的有两个：一是摸清家底，了解掌握馆藏现状；二是发现问题，纠正错误，改进工作。

清点是一项复杂细致的工作，要有组织、有计划地进行。它分为准备、实施与收尾三个阶段。在清点工作开始之前,首先必须制定清点工作计划,明确清点工作的目的、范围、方法、要求、时间及人员安排等。另外,准备工作还包括催还图书、整理书架、集中分散的印刷型馆藏信息资源。

在印刷型馆藏信息资源的清点过程中,还要求将清点与复选剔除、破损修补、内部书提存、改正分编中的差错等结合起来进行,边点边选边改。每个图书馆都应该使清点工作常规化、制度化。

当前随着图书馆自动化系统的广泛应用和书目数据的机读化,图书馆印刷型信息资源清点工作也脱离手工清点时代,而进入了计算机清点管理阶段。计算机馆藏资源清点有多种方法。但由于各图书馆应用的自动化集成系统不同,利用计算机对印刷型信息资源的清点方式、方法就不同。一般情况下,是利用条码识别器进行清点。

图书馆对入藏的印刷型信息资源加工后都赋予的一个条码号(即登录号),条码号是印刷型信息资源的唯一标识,具有定位印刷型信息资源的功能。印刷型信息资源条形码是印刷型信息资源流通的依据,是印刷型信息资源借阅的基础数据。在一个图书馆内,一个条形码只能用于一本(件)文献,一个读者借阅证。而一本(件)文献,一个读者借阅证,只有一个条码号,两者之间是一一对应关系。这种唯一性决定了条形码在图书馆管理和图书清点中的地位及发挥的特殊作用。

(四)印刷型馆藏的保护

收藏印刷型信息资源的目的是利用,而利用则必须以印刷型信息资源的有效保管为前提。有效地保护好印刷型馆藏信息资源,延长其使用寿命,为现在和将来的有效利用创造了条件,发挥印刷型信息资源潜在的使用价值,是印刷型馆藏信息资源保护的重要任务。要保护好馆藏印刷型信息资源,必须了解和研究馆藏印刷型信息资源损失的原因、保护的方法。

1.印刷型馆藏信息资源损失的原因

造成印刷型馆藏信息资源损失的原因是多方面的,归结起来主要是社会原因和自然原因两个方面。

（1）社会原因

社会原因指图书馆藏书遭到人为的丢失和损坏,如一部分读者甚至个别图书馆人员不爱惜印刷型馆藏信息资源,不认真执行印刷型馆藏信息资源的保护制度,造成印刷型信息资源的丢失、损毁,甚至有少数读者撕毁、涂抹图书馆藏书。还有种种社会客观条件的影响。

（2）自然原因

自身老化、变质、丧失原有的力学、化学和光学性能的过程,如变黄、变脆、变散、折卷、开胶、脱落等现象。而印刷型馆藏信息资源所处的环境条件,如温度、湿度、光照、清洁状况以及各种微生物、昆虫、水火的侵袭会影响这个老化变质过程的速度。如果在保存中缺乏适宜条件,再加上客观环境中各种有害物质的催化和侵蚀,这种过程便会加速,甚至造成毁灭性的损失。

2.印刷型馆藏信息资源保护的方法

针对印刷型馆藏信息资源损毁的原因,图书馆应采取系统的安全保护措施,以预防为主,最大限度地改善印刷型馆藏信息资源保存的条件,消除导致印刷型馆藏信息资源损失变质的各种隐患。就一般图书馆而言,印刷型信息资源的保护要注意温湿度控制、防火、防光、防虫、防霉、防鼠、防破损等。

第一,加强教育。加强工作人员自身的职业道德教育;加强对读者的道德素质教育;建立健全赔偿、惩罚制度;安装自动防盗报警系统。

第二,温湿度控制。控制温度最有效的方法就是采用空调设备,另外还可以采取在书库建筑上设置隔热层、库外植物绿化等方法。通风也是调节书库温湿度的一种简便易行的措施,还有安放干燥剂吸潮等办法。

第三,防尘与防菌。书库、阅览室内应保持通风,使室内外空气得到流通;要经常进行卫生清洁,清除灰尘;控制书库温湿度;用蘸有甲醛的棉花揩拭等消毒灭菌。

第四,防虫防鼠。书库内经常通风、防尘、防潮,除去虫、鼠滋生繁殖的条件;堵塞书库的各种漏洞、墙缝,放置杀虫、灭鼠的药物。用化学药物熏蒸法、低温法、缺氧法、射线辐照法等方法消灭虫害、鼠害。

第五,防火防涝。采取一切有效措施,防止火灾的发生;图书馆内禁止吸烟;严禁携带易燃易爆物品入馆;定期检查电路及电器设备是否完好;定期检查灭火器材是否有效;最好安装自动火灾探测报警系统。印刷型馆藏信息资源最怕水浸。要注意防涝;书库尽可能建造在地势高处;平时要注意防漏。

第六,装订修补。及时裱糊、修补磨损、撕页或脱线的书刊;期刊、报纸及时装订成册。

第七,缩微复制。对于珍贵的文献资料进行缩微复制,备份保存。

第三节　数字馆藏的组织管理

一、数字馆藏的概念与特点

(一)数字馆藏的概念

数字馆藏又叫数字化馆藏、电子馆藏,是图书馆馆藏中以数字形式保存的和借助于计算机网络可以利用的(如仅有网络使用权的外文数据库,以及其他形式的虚拟馆藏)那部分信息资源的集合。具体地说,它是图书馆馆藏中必须借助计算机等信息技术设备进行管理和利用的数字资源的总和。数字馆藏已成为现代图书馆馆藏中所占比例越来越大的重要资源。

数字馆藏从其形成方式来看,主要有三种类型:一是购入,主要包括图书馆通过签约付费后获得使用权的电子图书、电子期刊、镜像版数据库,也包括通过购买后拥有所有权的光盘资料和视听资料等;二是开发利用网络资源形成的虚拟馆藏,这类馆藏是按照特定要求而搜集的相关度很高的文件、网页等数字形态的资源,既可以下载到本地存放,也可以分散在网络的各个节点上,它仅仅是由链接集成在本地形成的资源导航体系;三是根据图书馆的服务任务和服务对象的需要,建立起来的与本校教学科研需要或者与本地区经济文化发展需求相适应的特色数据库和数字内容管理系统。

(二)数字馆藏的特点

数字馆藏不仅在存放形式上有别于印刷型馆藏,而且其高度的共享性和不受时间、地点限制的服务能力,使得人们逐渐重视数字馆藏的建设和发展。概括地说,数字馆藏的特点具体有如下几个方面。

第一,高度的共享性。一份数字馆藏,如一种期刊或一个数据库,借助于计算机网络可以同时供多个地区的读者利用。

第二,占用馆舍空间小,易于计算机操作。

第三,开放时间长,服务范围大,不受图书馆作息时间的限制,不受地域限制。

第四,对设备的依赖性强。数字馆藏必须借助一定的信息技术设备才能被有效地利用,如光盘塔、光盘库、光盘镜像服务器、磁盘库、磁盘阵列和服务器等。

第五,对环境的要求高。这主要是指存储数字信息的存储设备、服务器和网络设备对环境的要求,如温度、湿度、防尘、防静电等。

第六,易受损害。这有两方面的含义:一是数字馆藏易受病毒等的感染而导致不能正常使用;二是由于存储设备(如磁盘、光盘等)的损坏而导致数据的丢失。

第七,管理难度大。数字馆藏虽然可以依赖计算机进行自动管理,但由于构成数字馆藏的数字信息资源的知识产权问题、存储设备的更新换代问题、阅读有关资源的软件升级问题,以及数字馆藏的不定期迁移问题等。其过程中涉及的因素太多,所以管理难度很大。

二、数字馆藏组织

(一)数字馆藏组织的内含和内容

数字馆藏组织,是指依据数字信息资源的固有特征,运用一定的方法和技术,对其进行揭示和描述,为数字信息资源提供有序化结构的过程。数字信息资源特征包括外部特征和内容特征。数字信息资源的外部特征一般是指信息载体的物理形态、题名、责任者、出版事项等。在信息组织中,记录信息外部特征称之为描述,即根据特定的信息管理规则和技术标准,将存在于某一物理载体上的信息记录的外在特征进行选择和记录的过程。在信息组织中,对信息的内容特征进行的加工和整序称之为揭示或标引,是在分析信息内容的基础上,根据特定的标引规则与工具,赋予信息内容一定标识,以便将信息记录组成概念标识系统的信息处理过程。

从形式上看,数字信息资源组织与印刷型信息资源组织并无太大区别,但是,其基本内容与印刷型信息资源存在一定的区别。数字信息资源组织内容包括优化选择、描述揭示、确定标识和整理存储。

1.优化选择

选择是数字信息资源组织的第一步。数字信息浩如烟海、优劣杂糅、真伪混同。所谓选择是在浩瀚的信息海洋里发现并确认具有组织、整理和保存价值的信息。从信息管理的角度来看,信息资源选择是根据用户的需要,从纷繁复杂的信息中把符合既定标准的一部分挑选出来的活动,是以选择主体对数字信息资源现象的认识为前提的,是人的主观认识与客观现实的相互作用。对数字信息资源进行整理,提高信息质量,并控制信息的流量流速,就必须进行优化选择。[1]

2.描述与揭示

描述与揭示是数字信息资源组织的重要内容,在数字信息资源组织中起着至关重要的作用。一般而言,对数字信息资源组织形式特征进行描述的过程称为著录。这个过程如同传统文献编目工作,其数据要按照一定的逻辑以一定的格式形成款目。对数字信息资源内容特征的揭示称为标引,是数字信息资源组织的专业化工作,是在分析信息内容属性及相关形式属性的基础上,用特定的检索语言(如分类语言、主题语言)表达分析出的属性和特征,并赋予信息检索标识的过程。标引是一项传统图书馆的信息组织工作,对于数字信息资源组织

---

[1]杨静,景玉枝.数字图书馆服务与管理[M].赤峰:内蒙古科学技术出版社,2016.

来说,同样适用。

3.确定标识

检索标识是以简练的形式表征的信息特征,目的是用以区分和辨识信息,作为有序存储和检索信息的依据。无检索标识的信息,不能形成检索系统,也不能有效地对之进行检索。与传统的印刷型信息不同,数字化信息复杂,其利用和处理需要依赖一定的格式和环境,而且在数据层面上,数字化信息还可以与另一个信息单元相联系,形成一种网状结构。在网络环境下,数字信息处于一种无序状态,同时,数字信息又是一种动态信息,因而,确定数字信息资源的标识,对于建立一个有序的数字化信息资源保障体系十分重要。

4.整理存储

对给定检索标识的数字信息进行整理,将内容相同的集中在一起,不同的区别开来,组织成为一个条理清晰、层次分明的信息系统之后,还应将这些信息按照一定的格式和顺序存储在特定的载体中,如各种光盘检索系统、联机检索系统、数据库、学科信息门户、网络检索工具等都是数字信息存储的方式。利用新型载体存储数字化信息,可增强数字信息资源的可控性、有序性和易用性,为高效率地利用数字信息资源提供条件。

(二)数字馆藏组织的目标、原则

1.数字馆藏组织的目标

庞杂的信息资源与人们特定信息需求的矛盾是信息交流的基本矛盾,这种矛盾早在信息交流活动诞生之日起就存在着,只不过在早期的信息交流活动中,矛盾并不突出,文献信息的搜集、整理和查找工作基本上由科学家本人完成,科学信息交流也是在科学家之间进行。随着信息技术的发展和用户信息需求的变化,个性化信息服务的趋势愈来愈强劲。在个性化信息需求日益强烈和信息服务个性化快速发展的情况下,基于个性化服务的数字信息资源组织就显得特别重要。如何满足用户的个性化和专业化的信息需求,探求面向语义的数字信息资源组织技术与方法,提供面向语义的信息服务,则成为人们关注的焦点。数字信息资源组织的目标就在于利用最新的 Web 技术,实现面向语义的信息检索,最大限度地满足用户的检索需求。

2.数字馆藏组织的原则

基于个性化服务的数字信息资源组织必须遵循如下原则。

(1)目的性原则

基于个性化信息服务的数字信息资源的组织具有鲜明的目的性,即以用户为中心,紧密围绕用户的信息需求开展工作,注意信息机构的目标市场的需求状态及其变化特征。在信息资源组织与开发中,要充分了解用户需求,改进信息资源组织方式,运用先进的信息组织技术,使信息资源组织成果方便用户的选择和利用,尤其要注意将被动的信息资源检索变为主动的信息资源报送和知识导航,在信息资源与服务的整合开发和个性化服务方面下功夫,提供方便用户的功能,以优质的服务吸引用户。

(2)系统性原则

在对数字信息资源进行组织的过程中,坚持系统的观点和方法十分重要,没有系统性的数字信息资源组织工作是不可能实现其整体目标的。在信息组织中贯彻系统性原则就能够平衡好各种关系,获得最佳的整体功能。

(3)客观性原则

如实地将数字信息资源的外在特征和内容特征进行描述和揭示,并有序地形成相应的数字信息资源组织的成果,是数字信息资源检索和利用的需要。只有这样,才能实现不同系统间的数据交换,才能实现用户和系统以及系统与系统之间的有效沟通。

(4)易用性原则

数字信息资源组织的最终目的是方便用户有效利用,在其组织过程中,一方面要考虑普通用户的信息检索特点,尽量简单易用;另一方面也要考虑研究型、专业型用户的信息需求,应提供一些较为复杂的功能。使用方便是任何类型的信息资源组织系统中都必须遵循的一条通则,数字信息资源组织亦不例外。

(5)完备性原则

现代技术条件下,数字信息资源组织已经超越了信息媒体的限制,它可以利用高新技术,依托国家信息基础设施,建立数字信息资源组织网络体系,构建整合各种载体、各种类型的数字信息资源,如全文本信息、图像、声音、视频信息等,使之成为一个完整的有机整体,对于特定数字信息对象范围的收藏是完备的。这是完备性原则的第一层含义。另一层含义是数字信息资源组织包括对传统图书馆信息资源的数字化处理,使之在存取层面构成一个整体。

(三)数字馆藏组织的方式

数字信息资源组织的方式是指人们利用现代技术,结合数字信息资源的特点,对其进行加工、整理、排列、组合,使之有序化、系统化以后所呈现给用户的结构方式和表现形式。这种结构方式和表现形式,随着信息技术的进步,用户需求的变化而不断创新。到目前为止,已产生多种组织方式,可以根据数字信息资源组织模式的特点,将其划分为微观信息组织模式、中观信息组织模式和宏观信息组织模式三种类型。其中,数字信息资源组织的微观模式包括文件方式、自由文本方式、超媒体方式和主页、页面方式;数字信息资源组织的中观模式包括搜索引擎方式、主题树方式(目录指南方式)和指示数据库方式;数字信息资源的宏观组织模式有学科信息门户模式和信息重组模式。网络环境下,用于组织数字信息资源的常用方式主要有文件方式、超媒体方式、搜索引擎方式、主题树方式、数据库方式和学科信息门户方式。

(四)数字馆藏组织的方法

实际上,数字信息资源组织的方式是一种模式,它所讨论的是数字信息资源组织的一种标准形式或是在人们组织数字信息资源时可以照着做的标准样式,如以上列举的文件方式、超媒体方式、主题树方式和数据库方式等,就是数字环境下信息资源组织的几种常用的方式;而数字信息资源组织的方法则是研究信息资源组织途径,研究如何揭示信息资源,它是建立信息检索系统的基础。

1.分类法

分类就是按照事物的性质、特点、用途等作为区分的标准,将符合同一标准的事物聚类,不同的则分开的一种认识事物的方法。

分类法是指将类或组按照相互间的关系,组成系统化的结构,并体现为许多类目按照一定的原则和关系组织起来的体系表,作为分类工作的依据和工具。

在网络环境下,分类法的优势在于通过建立一个共有的概念性的上下文关系,能够超越不同的信息存储形成一种凝聚力,提供按等级体系的浏览检索方式。目前,运用分类方法组织数字馆藏主要有以下几种形式。

(1)文献分类法

在联机系统中,电子分类法的应用不仅便于浏览,同时还能实现字顺检索,只要分类法在类名上更加规范化、注释更加充分和详细,按主题或事物名称进行跨类的多途径检索功能就很容易实现,成为分类检索的重要补充。比如深受专业用户青睐的学科信息门户,就是因为它运用了文献分类法组织了高质量的数字信息资源。

(2)参考文献分类法

这种分类法是面向一切网络信息的,它是根据搜索引擎或网站的性质,搜索和收录重点设计分类大纲,将网站上的网页归到相应的类目体系中,类目可以按等级体系的方式浏览。

(3)人工神经网络

人工神经网络是根据人类的生物神经系统结构设计的计算机系统,应用范围很广,在信息组织领域,它可以用于自动分类,在主题及主题词关系可视化显示方面的发展潜力不可估量。

2.主题法

按照表达主题概念的语词标识的构成原理和特征划分,主题法一般分为标题法、单元词法、叙词法和关键词法。在网络环境下,用于组织数字信息资源的主要是关键词法和叙词法。

3.主题图法

主题图是一种新型的数字化信息组织方法,使用这个方法可以提供最佳的信息资源导航。在信息管理领域,主题图运用十分广泛,如在叙词表的编制和应用方面、网络教学的教育信息资源组织与导航方面、在电子商务方面、在门户网站、科研助理和知识交流共享等方面都有较好的应用价值。可以预示,随着信息技术的不断发展,主题图方法将在数字化信息资源组织和知识表示方面发挥更大的作用。

三、数字馆藏管理

(一)数字馆藏管理的特征

数字馆藏不同于传统的印刷型馆藏,由于存放载体形式和服务要求的不同,在采集、组织、存储、维护、保护、协调等方面都具有显著的特征。

第一,需要专用的、可扩展空间的、相对稳定的信息存储设备存放数字馆藏,例如镜像服务器、磁盘阵列、NAS系统、存储区域网络SAN等,同时要求存储设备具有可置换功能和保证资源安全的性能。

第二,各类型数字馆藏运用的系统平台多种多样,导致格式千差万别,仅就单个数据库进行检索,已经远远不能满足用户的要求,需要按照一定的标准进行数据、功能的整合,实现对资源的内容管理。

第三,需要制作思路清晰、结构合理、界面友好的智能检索型网站或数字图书馆平台,将馆藏有效地组织起来提供给读者和用户共享使用。

第四,数字资源的管理有很高的技术要求,网络系统的架构、特定存储设备与管理软件的使用方法、数字资源安全的维护等等都对管理员提出了较高的要求。

(二)数字馆藏的安全管理

1.数字馆藏安全管理面临的问题

随着数字馆藏资源的日益丰富,开放程度的不断提高和资源共享的进一步加强,随之而来的信息安全管理问题也日益突出。数字馆藏安全管理的核心是数字馆藏的长期可靠存取问题。数字馆藏作为人类文明、文化遗产的重要部分,其长期可靠存取是保护人类文明与实现知识传递的重要基础与保障。然而,数字馆藏区别于传统馆藏的特性,要求长期可靠存取的基本条件,包括数字馆藏存取系统应具有完备的处理各种文本、数据、图表、音像和多媒体的能力;数字馆藏载体应具有稳定可靠的存储寿命;拥有可靠的能覆盖所有数字馆藏格式的格式转换及迁移技术;具备较强的抗灾害能力。数字馆藏的存储载体、格式、软硬件中的任何一项出现问题,都将对数字馆藏的存取产生重大影响。目前,数字馆藏的长期可靠存取还面临着诸多问题。

(1)载体寿命问题

数字馆藏的长期可靠存取必须以各种类型的物理载体为对象。目前常用载体的使用寿命各不相同。传统的资源载体可以通过观察其物理表象特征判断其保存与使用状态。与传统载体相比,数字资源载体体积小、容量大,但载体容易变质、损坏,易遭受毁灭性损失,且对存储环境的要求越来越高。在大容量高密度存储媒体不断推出的情况下,存储媒体的不稳定性在增大,其有效寿命在下降。因此载体问题,是数字馆藏长期保存需要直接面对的问题之一。

(2)技术更新问题

相比载体寿命问题,更为迫切的问题是数字馆藏的读出、检索技术的过时问题。数字资源对系统软硬件平台的依赖性,使得数字资源的读出、还原技术过时问题,成为困扰数字图书馆发展又一极大障碍。计算机存储技术与软件技术的不断迅速出现与周期性的更新,使得数字资源存取的软硬件随之更新,必然导致原有数字资源存储与利用技术的淘汰。在技术与市场的推动下,记录与存储数字馆藏的设备与软件每3~4年就完成一个更新周期。如何使面临技术更新的数字资源安全过渡到新的软硬件平台是数字馆藏在发展中面临的又一难题。

(3)数据格式问题

数字馆藏因制作商保护版权的需要或制作时技术与条件的限制,使得目前的数字馆藏以大量的不同格式形式存在,其直接结果是造成格式之间转换的极大不便。为此,人们试图呼吁采用统一的标准格式。

(4)安全防护问题

数字馆藏的服务主要集中在网络上。网络安全问题与网络本身固有的特性有关,所以网络环境的复杂性决定了网络安全的复杂性。因而与传统馆藏相比,数字馆藏显得较为脆弱,极易受到外力的干扰和破坏。数字馆藏在受到计算机病毒、黑客入侵、磁场、电磁脉冲等的打击时,其对数字馆藏的破坏程度,类似于传统图书馆遭遇一场火灾或地震。数字馆藏一旦受到病毒侵蚀和黑客破坏将可能在瞬间化为乌有。磁场可使电子图书不复存在。电磁脉冲对计算机系统更是具有强大的杀伤力。再加上人为操作失误、保存环境变化、停电,以及火灾、水灾、地震等自然灾害等都可能对数字馆藏造成无法挽回的损失。

2.数字馆藏安全管理的策略

数字馆藏的安全管理策略就是图书馆在一定时期内为保障馆藏数字资源的安全所制定的安全管理措施。由于数字馆藏安全涉及数字资源的内容、数字资源存储管理与服务系统和存储设备等方面的因素,因此在制定安全策略时,要在综合考虑管理、技术、设备和免疫等因素的基础上,确定数字馆藏的安全管理策略。

第一,从思想上认识安全管理的重要性。图书馆必须充分认识到数字馆藏安全管理的重要性,从开始进行数字信息资源建设就要制订数字馆藏安全管理制度,并对有关馆员进行培训。明确专职专人负责,定期检查维护是确保数字馆藏安全的重要保证。

第二,加强数字馆藏管理信息系统的运行管理。建立健全监控管理、事件管理、配置管理和变更管理等管理制度,解决信息技术管理中的信息不对称现象,逐步推行信息安全风险管理制度,完善信息系统风险识别、评估、分析和规避办法,制订信息安全风险应急管理计划。

第三,健全技术防范、预警和保障体系。认真研究有关信息安全的理论、标准和规范,充分研究并掌握包括入侵检测技术、防火墙技术、防病毒技术、加密技术、认证技术、电源保护技术、电磁信息防漏技术、存储备份技术、鉴别技术、安全软件工程、灾难备份及灾后恢复等各项技术防范、预警和保障措施，确保各系统安全运行。同时，要根据基础设施、硬件系统、网络系统、操作系统、数据库系统和应用系统的分布和层次结构，安排不同特性的安全策略和措施，使这些策略和措施相互配合和补充，形成数字馆藏管理的整体安全防护体系。

第四，免疫与灾难处理。免疫是预防措施，一般图书馆会考虑对病毒的防护和黑客的入侵，但对灾难处理常常缺乏考虑。一旦灾难出现，就显得束手无策。尽管灾难处理是应急措施，但对保护数字资源是至关重要的，在制定安全措施时应高度重视。

3.数字馆藏安全管理的宏观解决思路

（1）制订数字馆藏长期存取统一标准

数字馆藏长期可靠存取的主要障碍之一是数字资源的生产者、提供者、维护者各自为政，各自根据自己的需要，随意采用各种系统与技术，结果导致数字资源的长期存取面临多种困难。许多国家已意识到标准的缺乏是数字资源长期存取诸多问题产生的根源之一，针对数字馆藏长期存取标准问题的研究早已成为国际热点。尽快制订数字馆藏长期可靠存取的通用技术标准与组织管理协议，以尽量减少数字馆藏在新旧平台间转换的难度，降低数字馆藏长期存取的组织管理难度，已成为数字馆藏管理刻不容缓的任务。

（2）建立集中式和分布式相结合的数字馆藏长期保存的机制

建立数字资源制作者样本呈缴国家集中保存制度，是实现数字资源长期存取的关键。为此，国家应以法律形式确定数字资源制作出版机构免费呈缴数字资源产品样本的义务和责任，以确保数字资源在国家控制下的长期保存，这是保证国家文化遗产长期存取的必要措施，也是监督、检查出版者数字作品制作技术的标准性和长期存取技术的规范性的需要。当然，国家数字资源保存基地应对呈缴样本的复制与流通采取严格的控制措施，以确保版权人的合法权益。

但是，完全由国家集中于某个基地，如国家图书馆或版本图书馆承担数字馆藏的长期存取任务，可能使其承受太大工作压力与经济负担,也使其他图书馆丧失保证数字馆藏长期存取的责任意识,因此,有人认为,应该建立以国家基地为中心,各数字图书馆或数字图书馆联盟为分支的二级数字馆藏的长期保存机制,以在全社会范围内分担数字馆藏长期存取工作的责任与义务。一方面可大大减轻国家的负担,分担数字馆藏长期存取的风险;另一方面通过分工与合作,便于进一步研究数字馆藏长期存取的技术方法,促进数字馆藏长期存取技术的发展。

(3)确立制作者的最终责任机制

数字资源的制作者与发行人,受其自身利益的驱使以及技术程度的局限,以及对维护自身数字产品资源存取与资源共享的利益关系的认识与看待角度的不同,很难将自身在维护数字资源长期存取中所应承担的责任与义务放在首要位置。他们在数字产品形成的开始就决定着文件用什么格式产生、以什么媒体存储,是否执行标准等,从而限定了其数字作品的性质与长期存取方式,其他人的任何改变都将或多或少影响其作品的原始形态,因此数字作品的创建者应对数字作品的长期存取负最终责任。

第五章 高校图书馆信息资源保障体系建设

第一节 高校图书馆信息资源保障体系建设概述

一、信息资源保障体系的概念及最终目标

(一)信息资源保障体系的概念

信息资源保障体系是指在一个国家或一个地区范围内,各类型的信息机构协调合作,根据统一的规范建立一个集信息收集、组织、存储、传递、开发和利用于一体的信息资源保障体系。这个社会信息资源保障体系中的主体主要包括各种类型的图书馆、信息中心、网络中心、资料室、档案馆、咨询公司等社会机构。在这些机构中,高校图书馆占据着非常重要的位置。

(二)信息资源保障体系的最终目标

信息资源保障体系的最终目标是信息资源保障体系以层次结构科学、空间布局合理的资源网络为物质基础,以文献信息资源共享和信息集成为实现目标,以纵向和横向联合为组织形式,以计算机、通信网络为技术手段,以最大限度满足用户信息需求为最终目标。

信息资源保障体系的最终目标可以分解若干子目标,并通过各层子目标的集合,来保证最终目标的实现。信息资源保障体系的子目标包括以下几个方面。

1.信息收集与积累

这是建立信息资源保障体系的基础,其具体目标包括以下几方面。

第一，各级各类信息资源机构在各个层次上开展信息搜集的分工协调，避免信息搜集的重复和遗漏，提高整体文献资源的完备程度。

第二，整体规划信息资源建设，改变传统的藏书发展模式，建立各信息资源机构有重点、有特色的专门化的信息资源体系，实现信息资源在学科上的合理配置。

第三，对信息资源的地理分布进行宏观调控，整体布局，改变信息资源在某些地区过分富集，某些地区极度贫乏的不均衡状态，实现信息资源在地区间的合理配置。

第四，建立文献的联合储存收藏系统，完整无缺地保存具有潜在科学和文化价值的文献，并为社会的特殊需要提供文献信息保障。

第五，在网络环境下，信息资源保障体系在信息的收集和积累方面的目标是建立现实馆藏与虚拟馆藏、印刷型文献与其他各种文献载体相结合，文献检索与原始文献提供相结合的信息资源优势互补与资源共享的保障体系。

2.书目控制

有效的书目控制是信息资源保障体系充分发挥其功能的重要条件，其具体目标有以下几点。

第一，完善国家书目，包括健全出版物呈缴制度，扩大国家书目的文献信息网罗度；运用计算机技术生产国家书目，加快国家书目出版速度，缩短书目报道文献的时差；采用标准著录，增加检索途径。[①]

第二，实现在版编目和集中编目。

第三，建立联合目录报道体系，及时、全面、广泛地揭示各信息资源中心的馆藏文献信息。运用计算机编制联合目录，同时生产出联合目录数据库。

第四，建立和完善检索刊物体系，包括增加检索刊物的数量、扩大报道文献的覆盖率、缩短报道文献的时差、提高检索刊物标准化程度以及实现刊库结合。

①孙姗姗.高校图书馆构建自主学习信息资源保障体系研究[J].开封文化艺术职业学院学报,2020,40(08):239-240.

3.馆际互借与文献传递

它是信息资源保障体系的重要运作方式,其具体目标包括以下几点。

第一,实现馆际互借与文献传递的系统化、网络化,对全国的馆际互借与文献传递工作进行全面规划,建立协作协调机构来组织馆际互借与文献传递工作,制订统一的馆际互借与文献传递规则来规范馆际互借与文献传递行为,从而使我国的馆际互借与文献传递形成有序运行的系统。

第二,扩大馆际互借与文献传递的规模和范围,积极开展国际互借与国际传递,促使文献资源更加广泛地利用。

第三,以现代技术装备文献传递网络,保证实现信息的远程实时传递。

4.信息检索

它是优化信息资源保障体系传递功能的重要技术手段,具体目标包括以下几点。

第一,网络公共查询,包括联合目录数据库、成员馆馆藏目录数据库和其他共享数据的查询。用户可以通过 Web 浏览器或客户软件实现"一站式检索",即用户一次性输入检索要求,一次性显示检索结果,查询感兴趣的书目记录或请求文献传递。

第二,联机检索,扩大联机检索的范围和规模,全国只要有网络覆盖的地方都可以成为网络终端,并与世界上主要的信息系统相连,用户在办公室或家里就可以查询到分布在全球的数据库的信息。

上述四个方面的子目标,相互联系,构成了一个完整的目标集。这个目标集是逐项落实我国信息资源保障体系最终目标的结果,也是实现最终目标的保证。

二、高校图书馆信息资源保障体系的内涵和地位

(一)高校图书馆信息资源保障体系的内涵

高校图书馆信息资源保障体系是指高校图书馆按照统一的规范

和标准,协调进行信息资源的采集、整理、加工、存储、共享、开发和利用,以促进高校学科建设和知识创新为主要宗旨,以最大限度地满足校内外用户个性化、专门化、系统化和高效率信息需求的信息服务系统。高校图书馆信息资源保障体系作为一个行业性信息资源保障系统,以组织、传递、交流、提供知识信息服务为主要目的,是国家信息资源保障体系的重要组成部分,也是国家知识基础设施的有机组成模块。

(二)高校图书馆信息资源保障体系建设的重要地位

1.信息资源保障体系是高校图书馆信息化建设的核心内容

信息化建设是高等学校建设的重要组成部分,信息化水平的高低直接影响其整体办学水平、学校形象和地位。图书馆的建设和发展应与学校的建设和发展相适应,其水平是学校总体水平的重要标志。高校图书馆信息资源保障体系的建设,为实现校内信息资源与服务的合理化规划、分配和利用提供了可靠、安全、科学的保障。

2.信息资源保障体系的建设和服务水平是高校图书馆总体水平的主要标志

信息资源保障体系在高校图书馆信息化建设的核心地位毋庸置疑,其信息资源建设和信息服务水平是体现高校图书馆总体建设水平的主要标志。国内外著名的大学无一例外图书馆的发展水平也是遥遥领先。高等学校图书馆的工作是学校教学和科学研究工作的重要组成部分,高等学校图书馆的建设和发展应与学校的建设和发展相适应,其水平是学校总体水平的标志。因此,信息资源保障体系的建设水平直接影响着高校的核心竞争力。

3.信息资源保障体系是高校图书馆信息用户获取信息资源的最主要渠道

高校图书馆的信息资源保障体系不仅是学科建设、高素质人才培养的文献信息保障基地,也是高校开展知识创新和技术创新的重要信息源泉。高校图书馆对信息资源进行筛选、加工、整理、存储以后,并为用户提供检索和利用的途径,较好地满足用户信息需求的目的。高校图书馆信息资源保障体系的完善和创新是解决用户信息需求的重要途径。

4.高校图书馆信息资源保障体系是国家信息资源保障体系的重要组成部分

高校是国家创新体系的重要组成部分,高校图书馆信息资源保障体系则是一体化国家信息资源保障体系的重要子系统之一。信息资源保障体系服务对象和范围不仅局限于高校内部,还具有十分重要的社会意义。具体体现在以下几点。

第一,促进社会信息公平,保证公众能自由地获取各种必需的信息。

第二,保存文化遗产,高校图书馆有极为丰富的馆藏资源,承担着保存和传承人类文化遗产的使命。

第三,肩负提高公众信息素养和科学文化素养的重任。

三、高校图书馆信息资源保障体系建设的原则

(一)整体性原则

整体性原则是高校图书馆信息资源保障体系建设应遵循的首要原则。高校图书馆信息资源保障体系作为一项复杂的系统工程,涉及信息资源类型、信息保障技术、信息保障机制、信息服务能力等诸多因素,也牵涉到政府主管机构、信息保障机构、信息用户、社会公众、信息生产商等不同利益群体,因此只有运用整体思维方法,通过全方位、立体化视角和综合审视,实现不同群体的利益均衡,才能实现信息资源保障体系的可持续发展。整体原则要求高校图书馆信息资源保障体系的建设目标应与国家信息资源整体化建设总目标保持一致,实现信息资源保障体系与社会协调发展。其次,在发挥政府主导作用的前提下,要在统一规划、统一布局和统一管理下进行整体化建设,信息机构之间分工明确,各司其职,通过发挥各自特色,实现整体效益和联合保障的目标。

在高校图书馆信息资源保障体系中,整体性原则还要求对校内信

息资源实行整体化建设,统筹规划,合理布局,优化结构,资源共享。在信息资源保障体系中,每一高级层次的信息资源建设不只是简单的低层次文献信息收藏的总和,而是相互补充、配合所形成的信息资源保障体系,具有更充分和完备的信息保障功能。要发挥高校图书馆信息资源保障体系的整体效应,关键在于各个子系统即各高校图书馆之间以及高校内各院系资料室在信息资源建设中的密切联系、协调配合,共同朝整体化方向发展。

（二）共享性原则

资源共享的目的在于使每个组织和个人都能够在一定范围内最大限度地利用信息资源。信息资源共享的实质是信息资源在空间上的合理配置,通过协调信息资源在时效、区域、部门数量上的分布,使信息资源布局更加合理,从而在既定的资源约束条件下使得用户的信息需求得到最大限度地满足,同时也使存量信息资源发挥最大作用。保证信息资源共享是高校信息资源保障体系建设的重要原则。用户信息需求的多元化、个性化、集成化特征,使得任何信息机构的信息资源都无法满足用户的全部信息需求,因此通过信息资源保障体系的建设,坚持共享性原则,不断提高和完善高校与高校之间、高校与校外其他信息机构之间广泛的合作关系,建立一个分工协作、优势互补、相互依存、互为利用的整体化、综合化信息资源保障体系。

（三）效益性原则

效益是效果和利益的统称。高校信息资源保障体系必须讲求实效,不断提高投入成本的使用效益和信息资源的利用效率,实现信息资源优化配置并使其不断增值。从不同的角度,效益可以分为经济效益和社会效益、直接效益和间接效益、当前效益和潜在效益等类型。其中,经济效益和社会效益是信息资源配置效益的核心内容。一般认为,信息资源配置经济效益主要体现为资源配置的效率原则,信息资源配置社会效益的核心则主要体现资源配置的社会公平原则。实践证明,以用户的信息需求为导向的信息资源保障体系建设才是真正有效益的。

高校信息资源保障体系不断向前发展的根本动力是源源不断的用户需求。信息资源保障体系建设最终目的是促进信息消费,而信息消费水平又极大受制于用户的信息需求程度。因此,要实现通过拉动用户信息需求来促进高校信息资源的有效配置,就必须通过各种方式加强对信息用户的信息素养教育,增强用户的信息获取意识,并且通过高质量信息服务使用户感到物有所值,物超所值。同时要通过建立科学合理的综合评估指标体系,定期对高校信息资源保障体系运行和利用状况进行评估监测,为及时调整信息资源建设和信息服务策略提供参考依据。

(四)服务性原则

信息服务是指高校图书馆通过各种手段所进行的一切与信息资源有关的服务活动的总称。信息服务是开展信息资源建设的基本宗旨和根本目的,是高校图书馆在网络化、数字化环境下得以继续生存与发展的唯一原因。服务原则包括平等、自由、人性化和满意度四个方面的内容。平等是指信息用户均享有平等地利用各类信息机构拥有信息资源和信息服务的权利,特别是要维护弱势群体的信息权利;自由指用户可以享有自由地利用信息资源的基本权利,但条件是必须以合法利用和合理利用为基本前提;人性化则体现在环境人性化、技术人性化、服务人性化三个方面;信息用户是否满意及满意的程度,是衡量信息机构提供的信息服务质量的核心评价标准。高校图书馆信息资源保障体系建设最终以给用户提供高质量、高效率的个性化、专门化、系统化信息服务为最终目标,以用户满意为最高宗旨。在深入探索用户信息需求的特点的基础上,有针对性地开展网络环境下信息资源建设,不断提高信息服务水平和服务效率。坚持"以人为本""用户至上"思想是服务性原则在高校图书馆信息资源保障体系建设过程中的具体体现。

(五)重点性原则

事实上,高校的学科发展都有各自的重点发展方向。由于经费、人员等条件的限制,高校信息资源保障体系建设也不可能使全校所有学科的信息资源保障都达到十分完备的程度。重点原则就是要求在高校信息资源保障体系建设过程中，要针对本校学科优势、科研重心和发展趋势，系统地收集、组织重点学科信息资源，使其达到较高的完备程度。信息资源采集不能简单地追求信息资源的数量和规模，更应该注重其信息质量和信息含量。高校信息资源保障体系建设是一个长期的不断发展完善的过程，在服从于高校的整体发展目标前提下，按照"保障重点，兼顾一般"的原则，要有计划推进特色化馆藏资源发展战略，积极开展特色化服务，不断提高高校图书馆的核心竞争力。

（六）开放性原则

高校信息资源保障体系是一个开放式系统，内与学校学科建设、科学研究和人才培养紧密结合，外与其他不同层次的信息资源保障体系保持紧密联系，并与国际接轨。理论上讲，任何时空的信息资源保障体系都无法满足所有用户的全部信息需求。信息资源的稀缺性和用户无限增长的信息需求永远构成一对矛盾，而正是这种矛盾使高校信息资源保障体系必须通过对外合作与交流而获得新的发展动力。

（七）公平性原则

社会和个人的自由、繁荣与发展是人类的基本价值。人类基本价值的实现取决于信息灵通的公民在社会中行使民主权利和发挥积极作用的能力。人们的建设性参与和民主社会的发展有赖于令人满意的教育和自由，以及无限制地利用知识、思想、文化和信息。由于历史和客观现实的原因，我国信息资源分布存在一定的非均衡性，这对保护用户信息资源利用的公平权利和从信息资源中平等获益的权利造成了一定的制约。因此，高校信息资源保障体系作为我国国家信息资源保障体系的重要组成部分，理所当然地应当承担起维护信息公平的重任。

公平原则对于建设高校信息资源保障体系具有特殊的意义在于，它将信息资源保障体系的研究视角扩大到更高一级的社会层面，使其研究重心由信息资源和信息技术更多地转移到"信息人"——公众和用户方面,这无疑是一种社会进步。公平原则要求在高校信息资源保障体系建设过程中,不仅要从资源上满足校内信息用户和社会公众的信息需求,而且要保障社会用户享有平等利用信息资源的权利,提高社会公众的信息获取能力。

第二节 国外高校图书馆信息资源保障体系建设

自 20 世纪 90 年代以来,随着互联网技术的快速发展和国家信息基础设施的完善,高校信息资源保障体系迅速发展,信息资源共享模式也在发生改变,信息资源共享更加有效和便捷。在此情况下,各国都大力发展本国的高校信息资源共享保障体系,无论是发达国家,还是发展中国家,都以各种形式展开高校图书馆的合作,形成各种类型的高校信息资源共享保障体系。

一、美国高校图书馆信息资源保障体系建设

在世界各国当中,美国是高校信息资源共享保障体系建设最快的国家。其中,美国联机计算机图书馆中心、美国俄亥俄州图书馆联盟、佐治亚州图书馆学习在线、美国华盛顿研究图书馆联盟、美国国家数字化图书馆联盟、美国的大学图书馆联盟、加利福尼亚数字化图书馆和美国伯克利大学数字化图书馆等均发展成为世界闻名的信息资源共享保障体系。下面主要介绍前三个信息资源保障体系建设。

(一)美国联机计算机图书馆中心(OCLC)

OCLC 始建于 1967 年,最初名为"俄亥俄大学图书馆中心"(Ohio College Library Center,OCLC)。OCLC 开始由美国俄亥俄州的五十余所大学图书馆联合组建而成,其共享保障目标是:将俄亥俄州所有大学图书馆的目录通过计算机网络加以合并,成为一个书目数据库,供成员馆共享。从 1971 年 OCLC 实现联机以来,迅速扩展到全美国,许多不同类型和规模的图书馆成为 OCLC 的用户。

1981年,它更名为"OCLC联机计算机图书馆中心",成为一个全球性的公司。它是一个面向图书馆的非营利组织,其宗旨是"为广大的用户发展对全世界各种信息的应用以及降低获取信息的成本"。OCLC提供的信息服务主要是面向教育和研究的,它不提供本质上属于娱乐之类的信息服务,在世界图书馆的合作和资源共享方面发挥着不可替代的作用。

OCLC是世界上最大的图书馆信息资源共享联合体,具有悠久的发展历史和服务品牌,并具有美国信息服务业成功发展的共同经验,包括政府的支持、法律的保障、丰富的信息资源、高素质的人员队伍以及用户和市场的密切关系等。目前,OCLC的发展速度有增无减,并通过持续的服务创新,不断在全球拓展其数字化信息服务。OCLC提供多元化的信息服务,其中主要的产品和服务有以下几种。

1.OCLC联机联合目录

OCLC有一个世界上最大的书目信息资料库,即WorldCat(OCLC Online Union Catalog)。该库保存所有学科领域50000万余条互不重复的图书、期刊、手稿、地图、乐谱、视听资料等多种载体信息的书目记录,覆盖了所有的主题范畴和出版类型,同时标明了全世界收藏这些文献的图书馆,并提供了全球众多图书馆的元数据检索服务,图书馆员可以利用它开展编目、资源共享和其他关键性的服务工作,使成员图书馆减少服务成本,提高服务效率,处理、管理和共享信息资源,方便用户搜索并获取这些信息资源。①

2.OCLC电子书

OCLC Net Library是世界上最早的电子图书生产商,也是世界上最大最主要的电子图书提供商,先后有几百家出版社提供的西文电子图书,涉及所有主题,涵盖所有学科。它不仅提供全文电子书,还提供全文电子期刊和完整版的有声电子图书,OCLC Net Library提供多语种多途径检索界面。

---

①付立宏,杨贺贺.美国高校图书馆信息资源归还政策初探[J].创新科技,2017(01):83-86.

3.编目与元数据服务

OCLC的编目与元数据服务（Cataloging and Meta date）依托世界书目数据库（World Cat）的强大力量，借助政府文档、阿拉伯语编目等服务工具，向各成员馆提供包括整合联机编目、定制和复制编目以及各种元数据服务。各成员馆可通过著者、书名、ISBN或ISSN号等检索点对OCLC书目库进行检索与编目，也可将编目记录输入OCLC联机数据库，成为成员馆与OCLC共有的记录。

4.OCLC第一检索服务

OCLC第一检索服务（First Search Service）是世界上使用最为频繁的联机信息查询系统。它给了终端用户一个便捷、易于使用的世界范围的参考资源，更易于查找、获取和管理信息。通过丰富的数据库，用户可链接到联机全文本、电子期刊、网络资源、图书馆馆藏、馆际互借和文献传递，来获得联机参考信息。

5.资源共享服务

OCLC主要通过馆际互借的方式（Inter Library Loan，ILL）完成资源共享服务。OCLC馆际互借网络是一个全球性的借入借出网络，现在世界上许多图书馆、信息中心和文献提供单位都依赖OCLC开展地区性的甚至国际性的馆际互借服务。OCLC通过的馆际互借管理软件可简化资源共享流程，方便图书馆用户跟踪其借阅请求。

（二）美国俄亥俄州图书馆信息网络（OhioLINK）

OhioLINK是美国俄亥俄州图书馆信息网络（Ohio Library and Information Network）的简称。OhioLINK建立于20世纪90年代，是俄亥俄州政府投资，由该州大专院校图书馆和州图书馆构成的文献信息资源共享保障体系。该体系中心设在兰特大学图书馆，所有成员馆的计算机集成系统都采用相同的硬件和软件，统一链接到该网络的中心服务器上。同时，联机联合目录、各馆书目文献数据库也集中在中心服务器上。这实际上形成了一个俄亥俄州高校系统的"大图书馆"。该文献保障体系成立以来发展迅速，由最初13所大学成员馆发展到包括俄亥俄州几乎所有的公、私立大学图书馆和俄亥俄州立图书馆，其成员馆已达89个,成为美国著名的地区性高校图书馆文献信息资源共享保障体系。

目前,OhioLINK已成为美国一个颇具规模和影响广泛的大型文献信息资源共享保障体系,被美国高等教育理事会和州政府理事会评为创新和增效的先锋,也被世界同行视为图书馆合作、集中投资和提供有效服务的典范。目前它主要提供如下产品和服务:①中央书目库;②电子杂志中心;③电子资料库;④数字媒体中心;⑤电子图书;⑥馆际互借和文献传递服务;⑦联合仓储;⑧电子资源联合采购。

(三)佐治亚州图书馆学习在线(GALILEO)

佐治亚州图书馆学习在线(Georgia Library Learning Online,GALILEO)于20世纪90年代正式成立。CALILEO是美国佐治亚州一个全州性的文献信息资源共享保障体系。该文献保障体系最早由佐治亚州大学系统的部分高校组成,发展至今已经成为全州规模的文献信息资源共享保障体系。

GALILEO主要宗旨在于:①实现资源共享,提高信息服务,确保全州师生不受地域限制、工作单位规模限制,享受同样一流的服务;②提供必要的现代化设置设施和最新最全的资源,为师生的教学科研提供必要的帮助,使得学生能够从容面对当今瞬息万变的社会;③使得整个网络能够充分服务于校园,保障图书馆各项活动的开展。

GALILEO文献保障体系是一个基于互联网的虚拟图书馆,其主要服务有:①数据库服务;②联合期刊目录;③通用书目;④馆际互借和文献传递。

二、英国高校图书馆信息资源保障体系建设

英国较有影响的高校信息资源共享保障体系有:英国数字图书馆项目、英国大学研究图书馆联盟、英国高校与国家图书馆协会。

(一)英国数字图书馆项目(ELIB)

英国数字图书馆项目开始于20世纪90年代,是一项由英国联合情报系统委员会(Joint Information Systems Committee,JISC)资助和监督

的大型研究开发项目,该项目的主要目的是带动整个高等教育界开发电子图书馆资源,促进信息技术在英国高等教育系统的应用。英国数字图书馆项目涉及的主要内容及服务包括以下几项。

第一,网络信息资源检索服务。主要目的是按照学科对网上信息资源进行收集、评价、筛选、组织,建立各学科领域的浏览器或网关,以帮助用户方便快速地检索到高质量的网上资源。

第二,文献传递服务。通过文献传递软件和与 LAMDA 系统联网的多余所大学图书馆资源,用户直接利用计算机检索所需文献、提出文献请求,系统将索取文献扫描后传给用户指定的终端机,终端工作人员收到电子文献后打印出来交给用户,提高了服务质量,降低了运作成本。

第三,电子期刊服务。探索在不同模式下将出版电子学术期刊全文本传递给终端用户,使成员用户能随时在办公室或家中检索到高质量的学术期刊,同时系统提供查询、打印、存档、下载、访问外部数据库等功能。

第四,电子短期借阅服务。该服务主要是将需求量大的文献数字化,然后通过计算机网络将之传递给用户,使用户随时随地获取所需文献而不受资料复本的限制。

第五,文献数字化。追溯性地将特定文献分类数字化提供给读者,如医学图像、地图资料、早期杂志等。同时为读者提供查询、打印、存档、下载等功能,方便读者使用。

第六,辅助研究。不直接参与数字化服务与产品的开发,而是研究数字化环境下的社会、文化及人文因素。如研究网络环境下的信息服务所带来的社会、文化及组织影响;研讨电子图书馆的整体框架结构等。

(二)英国高校与国家图书馆协会

英国高校与国家图书馆协会(Society of College,National and University Libraries,SCONUL)是英国历史最悠久的图书馆联盟,涵盖了英国和爱尔兰。

SCONUL 建立的目的是给成员提供一个信息交流和提升信息处理能力的平台,实现文献共享以提高高校与国家图书馆资源利用率。SCONUL 开展的项目主要有以下几项。

第一,在线学习。SCONUL 借助成员丰富而多样化的服务经验,经过长期实践和研究,在英格兰高等教育基金管理委员会和英国教育与技能部的支持下发展了在线学习战略项目。该项目服务具有网络化、个性化、可跟踪服务等特点。

第二,电子化研究。旨在提高对电子化研究领域的了解和认识,使其高校成员馆发挥在电子化研究中的支撑作用,为全英国范围内的电子化研究的开展打下了基础。

第三,信息素养研究。在研究生技能培训、实践、在线学习和教学使用的数字信息环境研究等方面,SCONUL 通过其成员馆相关年度统计及对数据库、电子产品的使用统计等,对高校信息素养研究的发展战略理论和实践的形成打下了良好的基础。

(三)英国研究性图书馆

英国研究性图书馆(Research Libraries UK,RLUK)原名为英国大学研究图书馆联盟(Consortium of University Research Libraries United Kingdom,CURL)。20 世纪 80 年代,为了共享机读目录资源,提高图书馆查询系统技术,英国剑桥大学等多所大学图书馆联合建立了英国大学研究图书馆联盟(CURL)。CURL 将其成员馆所提供图书和期刊资料数字化,建立起书目资料库,提供免费浏览和在线联合目录查询系统服务。同时,积极与英国联合信息系统委员会等机构合作开展 SHERPA(Securing a Hybrid Environment for Research Preservation and Access)等项目,力求促进全球学术研究成果的开放存取。2008 年 3 月,CURL 更名为英国研究性图书馆(RLUK),将其成员范围扩展至各类学术信息机构,以便实现全国信息资源的共建共享的保障体系。NAC-SIS 开展的主要服务有以下几种。

第一,联合目录与馆际互借系统服务。它不仅承担着大学图书馆馆藏文献共建共享的职能,而且还通过因特网为全社会提供书目服务。

第二,建设学术信息网络。系统以将学术研究信息迅速、准确地提供给研究者为目的,积累人文、社会科学、自然科学诸领域的几十种数据库、千万条学术信息,提供网上检索服务。NACSIS 的数据库包括:自建的数据库、从数据库公司引进的数据库和其他机关、研究者等建成的各种专题数据库等。

第三,开发电子图书馆系统。

第三节 我国高校图书馆信息资源保障体系建设

我国高校信息资源共享保障体系建设是在科学技术的快速发展及社会对信息资源的需求基础上开始建立的,已有数十年的历史,在近几年取得了实质性的进展。在理论上,对全国信息资源保障体系建设正逐步形成完整的理论体系。在实践中,从全国到地区和系统的高校信息资源共享保障体系的建设均取得了一定的成绩。下面介绍几个全国性和省级较著名的高校信息资源共享保障体系。

一、全国性高校图书馆信息资源保障体系建设

(一)中国高等教育文献保障系统(CALIS)

中国高等教育文献保障系统(China Academic Library & Information System, CALIS)。CALIS 的宗旨是在教育部的领导下,把国家的投资、现代图书馆理念、先进的技术手段、高校丰富的文献资源和人力资源整合起来,建设以中国高等教育数字图书馆为核心的教育文献联合保障体系,实现信息资源共建、共知、共享,以发挥最大的社会效益和经济效益,为中国的高等教育服务。

从开始建设以来,CALIS 管理中心引进和共建了一系列国内外文献数据库,包括大量的二次文献库和全文数据库;采用独立开发与引用消化相结合的道路,主持开发了联机合作编目系统、文献传递与馆

际互借系统、统一检索平台、资源注册与调度系统,形成了较为完整的CALIS文献信息服务网络。截至2017年12月参加CALIS项目建设和获取CALIS服务的成员馆已达到1268家。

1.CALIS"九五"期间建设自动化时代印本资源共享体系

第一,建成联机编目与联合目录服务体系CALIS自行设计研发联机合作编目系统与联机公共检索(OPAC)系统,用于CALIS中外文书刊联合目录(含古籍)的建设,实现广域网的联机共享编目、书目数据检索与数据下载功能。CALIS联机合作编目系统是我国第一个多语种、多资料类型实时联机合作的编目系统,以全国中心和地区中心的成员馆为骨干,滚动发展全国高校图书馆,同时横向发展与各级高校图工委及其他行业图书馆的协作共建。CALIS联机合作编目服务体系更是我国高校图书馆编目工作共建共享的见证。从此改变了过去各自编目的历史,实现了我国高校图书馆馆藏的"共知",有效地提高了图书馆,尤其是中小型图书馆编目工作的效率和质量。

第二,开创数字资源集团采购模式。CALIS从1997年开始协助高校图书馆开展电子资源采购,是我国图书馆界引进资源采购工作的开拓者。CALIS采取灵活多变的引进方式,协调和引导高校外文资源的建设,缓解了我国高校外文文献长期短缺的情况,完善了国内高校外文文献结构、丰富了外文数字资源、提高了文献保障率。为加强对资源引进工作的统筹规划和实际操作能力,增强和其他机构之间的协调合作,CALIS成立专门的引进资源工作组,制定资源采购工作的原则和策略,推动工作开展。

第三,建成全国中心—地区中心—成员馆三级文献保障体系。CALIS创立"全国中心—地区中心—高校图书馆"三级文献信息保障模式的服务网络,分别负责全国范围、地区范围和学校范围的资源协调与联合建设、文献信息共享服务、工作人员培养与读者培训、应用系统建设等工作。全国中心和地区中心的建设任务包括各中心组织机构建设、安装运行在各中心的应用服务器和应用软件系统,后者构成了广域网上的CALIS公共服务平台。

2.CALIS"十五"期间建设分布式高等教育数字图书馆

第一,建成数字图书馆标准规范体系。作为高校图书馆共享与公共服务基础设施,CALIS要建成开放的、分布式的、多馆协作的平台,涉及众多参建馆的互联和众多应用系统的集成。因此,技术规范、数据与应用接口的标准化至关重要。CALIS管理中心主持编撰了《中国高等教育数字图书馆技术标准与规范》,并应用于CALIS"十五"所有子项目建设。数字图书馆标准与规范的具体工作包括CADLIS技术标准与规范的编制和CALIS体系软件产品兼容性认证两部分。

第二,建成分布式文献传递网。"九五"期间,CALIS自行研发了基于ISO10160/10161国际标准的馆际互借系统。"十五"期间,CALIS对系统进行了升级和改造,同时开展文献传递服务网建设。CALIS文献传递网基于所有成员馆的馆藏资源,共同面向全国高校读者提供馆际互借与文献传递服务。"CALIS文献传递服务网"于2004年6月正式启动服务。自此,高校读者能以方便、快捷的方式获取其他高校图书馆的丰富馆藏。

第三,启动名称规范库建设。2003年9月,CALIS启动联机规范控制系统项目,2004年8月建立包含书目数据库和规范数据库在内的试验数据库和实验检索系统,用以联机规范控制机制的实验。

第四,启动了省级中心建设。考虑到各省、自治区、直辖市等都加大了支持本省(区市)高校建设公共服务体系的力度,以及一些牵头学校在推动本地文献资源共建共享中的作用,"十五"期间CALIS管理中心在未设全国中心和地区中心的省市建立15个省中心,把地方建设纳入CALIS体系,大大加强了CALIS服务的整体性和面向全国的辐射作用。

3.CALIS三期项目正式启动

2010年CALIS三期项目正式启动。

第一,建成"云上的""普遍服务"体系。"三期"建设,CALIS以"普遍服务"为指导方针,以"云计算"为技术手段,以"多级保障体系"为服务骨干队伍,建成覆盖全国各类高校的图书馆信息服务协作网络。

项目成功地将三期建设的各项成果部署到全国,并嵌入众多高校图书馆本地服务的流程之中,大大提升了高校图书馆的整体服务能力,成为众多高校图书馆自身服务链中不可缺少的一环,成为真正意义上的"高等教育公共服务设施"之一。

第二,建成协同服务网络基础架构。CALIS以分布式统一认证系统(Unified Authentication System,UAS)为核心,采用基于云计算的两级分布式架构(统一认证中心系统、统一认证系统共享版),通过与成员馆本地认证系统集成,构成全国高校三级读者统一身份认证体系,实现高校读者在CALIS两级云平台和成员馆本地系统之间的跨域单点登录以及基于成员馆的统一用户管理和统一授权,从而实现"一个账号、全国漫游"。CALIS以资源调度和服务调度为核心,以CALIS文献传递网为依托,通过整合文献传递、馆际借书、按篇订购PPV、电子书租借、电子原文链接形成了的一套完整的分布式的具有多馆协作和多资源商支持的原文获取系统——e得云平台,旨在帮助读者快速、准确、便捷地获取原文,从而实现"一个账号,全国获取"。CALIS三期以联合资源订购平台为依托,基于云计算模式,通过与图书进出口商(简称书商)和图书馆OPAC集成,为各成员馆提供图书、论文等资源的自主采购和协调采购服务,优化和平衡各馆的资源采购配置,避免重复采购,提高经费使用效益,实现各馆相关资源的互补和共享。

第三,开始跨系统、跨国界的文献传递合作。CALIS与上海图书馆于2011年11月正式启动上海图书馆面向全国高校的馆际借书服务。2012年3月,CALIS与国家科技图书文献中心(NSTL)签署了服务合作协议,同期开通"NSTL文献传递服务(高校版)"。国际合作方面,2009年11月,CALIS与韩国KERIS正式开通馆际互借服务。2012年3月正式开始与OCLC开展双向的文献传递服务。三期项目结束后,CALIS继续拓展跨系统、跨国界合作,先后与国家图书馆、香港JULAC等机构开通馆际互借与文献传递服务。

第四,在全部建成省级中心的基础上启动共享域建设。为了使各地区、各类型的高校图书馆都能够在CALIS体系内进行个性化使用,

CALIS逐步完善了全国——省级/共享域——成员馆三级服务体系。CALIS三期除了继续省级中心建设外,还支持建设了大连城市共享域、福州大学城共享域、外语联盟、五星联盟等多个各具特色的共享协作联盟,推动图书馆联盟朝着个性化多元化发展。

2013年至今,CALIS获教育部常规运维经费支持,并期待引领新时代图书馆建设,推动高校图书馆整体发展;持续建设、完善支撑高校图书馆发展的公共服务体系;建设支撑新时代图书馆建设的新业态、新模态,帮助图书馆掌握未来发展的自主权、主动权、发言权。

(二)中国高校人文社会科学文献中心(CASHL)

中国高校人文社会科学文献中心(China Academic Humanities and Social Sciences Library,CASHL),是在教育部的统一领导下,本着"共建、共知、共享"的原则、"整体建设、分布服务"的方针,为高校哲学社会科学教学和研究建设的文献保障服务体系,是教育部高校哲学社会科学"繁荣计划"的重要组成部分,也是全国性的、唯一的人文社会科学文献收藏和服务中心,其最终目标是成为"国家级哲学社会科学资源平台"。[①]

2002年,为繁荣发展哲学社会科学,教育部按照中共中央的指示,开始筹备以整合全国高校哲学社会科学文献资源为目标的"中国高校人文社会科学文献中心(CASHL)"。2004年3月15日,CASHL项目作为教育部"繁荣发展哲学社会科学计划"的一部分,在时任教育部袁贵仁副部长的亲自启动下正式开始服务。负责项目组织协调的CASHL管理中心设在北京大学,复旦大学图书馆参与管理。

2006年,在教育部的指导下,"文专项目"图书采购相关工作统一由CASHL管理中心组织协调。自此,全国高校图书馆在资源建设上形成了一个庞大的外文人文社科文献联合保障体系,由北京大学、复旦大学、武汉大学、吉林大学、中山大学、南京大学、四川大学、北京师范大学、东北师范大学、华东师范大学、兰州大学、南开大学、山东大

---

①胡玉智,陈志芳.疫情时期高校图书馆文献资源保障与服务[J].贵图学苑,2020(01):21-24.

学、清华大学、厦门大学、浙江大学、中国人民大学等17所综合性高校图书馆,70余所教育部文专院校及886个成员馆组成。

在CASHL各相关高校共同努力及与高等教育文献保障系统(CA-LIS)、中国社科院图书馆、上海图书馆成为战略合作下,CASHL外文可服务文献量得到进一步扩大。迄今为止,可供服务的人文社科核心期刊和重要期刊达到6.2万余种、印本图书达336万余种、电子资源数据库达16种,累计提供文献服务近2200万件,其中手工文献服务已突破130万,文献平均满足率达96.29%左右,服务时间缩短为1.87天,大大提高了外文图书的利用率,充分发挥其效益。除此之外,CASHL还提供"高校人文社科外文期刊目次库"和"高校人文社科外文图书联合目录"等数据库,提供数据库检索和浏览、书刊馆际互借与原文传递、相关咨询服务等。CASHL服务辐射面也进一步拓展,CASHL目前已拥有886家成员单位,个人注册用户愈15.4万多个,CASHL服务惠及上千万用户。

CASHL项目在不同历史时期,承担了不同历史任务,从早期的硕博基地建设,到繁荣发展哲学社会科学使命,从早期的解决有无问题,到按学科建设需要引进,到现在的新型智库建设需要,对国家的经济、社会、文化、人才培养等的发展都起到了文献信息的关键保障作用,对国家哲学社会科学的繁荣发展和中国学术的国际话语权建设具有重要现实意义。CASHL项目为中国高等教育的人才培养、教育教学、学术研究等方面作出了重大贡献,主要有以下几点。

第一,建立了一套覆盖全国的、完整的"共建共享"机制。其中的"共建"机制增强了投入CASHL17家中心馆和教育部70家文专馆人文社科外文图书/期刊经费的建设效益,减少了不必要的重复建设,扩大了文献保障面。"共享"机制则对全国高校起到了正面引导作用,各参建高校图书馆将CASHL经费购买外文图书/期刊提供服务的同时,将自有经费采购的外文图书/期刊也贡献出来为全国高校、科研院所和公共服务机构服务,盘活了高校的整体文献资源和服务。

第二,站在国家百年大计的高度,建立了我国最大、最全面的人文社科文献保障体系。CASHL依托有学科优势的高校开展文献保障,进一步提升了这些高校学科建设和人才培养,开拓了教学科研人员的国际视野;同时推动了国家人文社科研究的整体国际化水平,提高了国家的软实力。

第三,为国家多个归国人才引进计划提供了强有力的基础支撑。外文基础文献和前沿文献的多少,是影响海外人才决定去留的关键因素之一,CASHL项目所引进外文文献起到了基础智力支撑的作用。

第四,保障了全国人文社科教学科研人员获取资源的公平性和公正性。全国范围内的任何教学科研人员,都能平等地通过CASHL平台获得资源。CASHL已经成为我国教学科研人员高度依赖、不可或缺的资源获取渠道,已经成为全国高校人文社科领域具有影响力的品牌服务。

第五,中国哲学社会科学国际话语权进一步扩大。在CASHL文献战略保障体系支持下,中国高校哲学社会科学研究的国际化水平也在不断提高。

第六,CASHL项目的存在,对培养具有国际视野人才起了巨大推动作用。

二、省级高校图书馆信息资源保障体系建设

国家级高校信息资源共享保障体系的快速发展,鼓励和带动了我国以省、市为单位的地区性高校信息资源共享保障体系的不断发展,如北京、上海、江苏、天津、广东、湖北、浙江、河南等省市建设的地区性高校信息资源保障体系。

省级高校图书馆信息资源保障体系是指在省、直辖市、自治区范围内,省内若干高校图书馆以实现信息资源共享、利益互惠为目的而组织起来,受共同认可的协议或合同制约而共同建设的基于互联网的文献保障联合体。其主要功能是在其区域内的高校间通过统一的数字化平台实现图书馆文献资源与信息服务的共建、共知、共享,提高本地区文献保障率和信息服务水平,为本地区高校的科研、教学等提供

更完善、更有效的公共服务保障设施。

省级的高等教育文献信息资源共享保障体系能利用地域上的便利，充分发挥文献保障体系的优势，在联合编目、公共检索、馆际互借、协调采购、电子信息资源建设等方面结成协作组织，实现本地区高等教育文献信息资源的共建共享。主要的省级高等教育文献信息资源共享保障体系有以下几种。

(一)北京高校网络图书馆

2001年，北京市属市管高校文献资源共享服务体系改名为北京高校网络图书馆，并于同年12月开始运作。其建设目标是改变以往各校文献资源自我保障、分散发展的管理模式，依托中国教育科研网，充分利用北京地区高校图书馆丰富的馆藏资源，在各图书馆专业特色馆藏建设基础上，建立"北京地区高校文献资源共享服务体系"，使网上的资源与服务功能达到较高水平，与高等教育文献保障系统的建设相补充，形成对北京地区高校网上文献资源的重要补充和教学科研所需文献的联合保障，为北京地区高校的教学科研提供信息支持和咨询服务。北京高校网络图书馆建设内容有以下几项。

第一，建立了北京高校网络图书馆门户网站，搭建起资源利用与检索平台、用户咨询与服务平台、馆员交流与培训平台、系统管理与服务平台。

第二，有选择地联合引进一批中外文文献数据库，通过全资购买、补贴购买、组团购买等方式，支持各成员馆共享、分享、建设数字文献资源，实现了网络文献资源的共建和共享。

第三，有计划地联合建设一批具有学科和专业特色的文献数据库、学位论文数据库、指定教学参考书数据库、素质教育数据库等。

第四，根据各馆的需求开展馆际互借和文献传递。

第五，进行图书馆管理人员和专业人员的继续教育培训。

(二)上海教育网络图书馆

上海教育网络图书馆是上海市教委组织实施的文献资源共建共享保障体系的重大项目，是在2000年正式开通的上海高校网络图书馆的基础上建设发展起来的。该项目的主要功能是在上海地区各级各类学校间实现图书文献资源与信息服务的共建、共知、共享,以提高上海地区文献保障率和信息服务水平。该项目是建设在上海教科网平台上的数字图书馆,依托网络化、数字化的统一服务平台,通过使用数据化手段整合利用教育信息资源,将传统的图书馆和因特网检索、传播工具有机地结合起来,为上海市各教育单位的教学、科研提供更完善、更有效的公共服务保障设施。上海教育网络图书馆的建设和发展标志着上海教育信息化建设已进入资源共享、深度利用的高水平、实用性方向发展。

上海教育网络图书馆的主要任务是数字文献资源的联合采购、联合编目、联合开发、联合服务,真正实现共建、共知、共享。以上海教育与科研计算机网为依托,初步建成上海教育文献保障体系的基本框架;在各校图书馆开展系统化的数字学术资源建设;为各校文献信息服务与资源共享的深层次发展奠定基础;与上海教育与科研计算机网共同构筑上海教育公共服务体系,使之成为上海重要的信息基础设施之一。

经过多年的发展,上海教育网络图书馆已建成了全市高校图书馆简介数据库、书目查询数据库、期刊查询系统、资源导航、特色数据库以及期刊全文数据库等。这个网络图书馆在整合文献信息资源优势的基础上,将重点放在了电子文献和全文数据库的网上服务,电子资源已成为上海教育网络图书馆虚拟馆藏资源的重要组成部分。

(三)山东省高等教育文献保障体系

山东省高等教育文献保障体系(Shandong Academic Library & Information System,SDALIS)的发展目标是依托现代网络技术和条件,经过科学论证和整体规划,合理布局、分工协调、建立实体资源和虚拟资源相结合的文献资源保障体系,推动和引导全省高校图书馆采用新的信息技术和服务手段,建设一个先进的、方便快捷的文献服务体系,以此推动山东省高等教育资源的优化配置,实现文献信息资源的共建、共知、共享,提高全省高等学校教学科研的文献保障水平,为山东经济、文化教育事业的发展发挥应有作用。SDALIS的建设是与"中国教育与科研计算机网"（CERNET）及山东各高校的校园网建设相互配合，与"中国高等教育文献保障体系"（CALIS）相互补充，使资源网与信息网协调发展，借助于现代化的信息技术手段，建设一个整体化、自动化、网络化、数字化的现代文献保障体系，为山东省高等教育的发展和科学研究提供高水平、高效率的文献保障和文献服务。

第六章 高校图书馆信息资源建设的评价

第一节 高校图书馆信息资源建设评价的
原理和原则

一、高校图书馆馆藏信息资源评价的原理

图书馆信息资源建设是一项复杂的系统工程,因而也决定了评价的系统性和复杂性。为此,在评价中应坚持以系统理论为指导,坚持信息论、控制论、系统论"三论"相互结合的原则,应用整体性、反馈性、优选性、有序性和定量分析与定性分析相结合的原理,全面地认识信息资源评价的属性和理论意义。

(一)系统性原理

任何系统都是有结构的,系统整体的功能大于各孤立部分功能之和。没有结构,仅由孤立部分堆积组成的整体不称其为系统。图书馆信息资源建设作为一个大系统,内部结构有序、严密且复杂。其整体中包括许多组成部分,每部分可被看作分系统或子系统,每个子系统受到许多因素的制约,系统之间又具有相互依存、相互作用、相互影响的关系。因此,在进行信息资源建设评价时,必须应用系统性原理,特别是关于系统结构的每一个局部最优之和不等于整体最优的思想,采取系统分析的方法,围绕系统的总目标,全面研究各个相关因素的作用及其对整体质量的影响,建立起信息资源建设评价的层次结构体系,力求从整体的角度去全面考查建设的质量。

(二)反馈性原理

任何系统只有通过反馈信息才能实现控制。缺乏信息反馈的系

统,要实现系统控制是不可能的。对信息资源建设进行质量评价,实质上就是通过科学分析的方法获得全面的、系统的反馈信息,并与所要控制的目标进行比较,找出既定目标与实际效果之间的差异,实施对信息资源建设各个环节的有效控制。同时,也可根据这些反馈信息对原定方针、原则和规划进行判断,分辨出正确的、错误的和有缺陷的相关部分,为馆藏目标的进一步完善、修正和发展寻找突破口,也为下一轮信息资源建设的科学决策提供客观依据。

(三)优选性原理

实施评价的目的是优选。实现信息资源建设规划和总目标靠的是优选决策,实现某个局部建设目标也越来越多地依赖于方案优选。如何从众多的备选方案中选择出技术上可行、经济上合理、社会效益又好的总体最优方案,这是决策之前必须解决的一个重要问题。信息资源建设评价,就是为达到这一目的而进行的努力。通常,优选性研究主要通过两种途径,第一种途径是从不同类型的多个方案中开展优选,第二种途径是从同一方案的不同决策中选择最优方案。信息资源建设方案优选则融合这两种途径于一体,如信息资源建设的总体评价属于后一种优选方式,而图书馆文献询价采购方案优选则属于前种优选类型。

(四)有序性原理

系统由较低级的结构逐步转变为较高级的结构,称之为系统的有序递进。适时有序的信息资源建设评价是系统有序递进的前提。所谓有序性,就是按照一定的标准(或称评价指标体系)和一定的程序,以特定的时间间隔,对特定时间段内信息资源建设状况进行评价,以求从时间序列上展示信息资源建设循序渐进的发展变化过程。[①]

(五)定性与定量相结合的决策原理

信息资源建设评价的核心问题,是要寻求馆藏与需求的最佳契合度,找出质量上最优、经济上合理的最佳方案,提高馆藏的利用程度。

---

①岳鹏. 高校图书馆MOOC信息资源建设策略分析[D]. 哈尔滨:黑龙江大学,2016.

为了达到这一目标,必须对涉及的诸多因素进行权重分配以得出明确的综合数量概念,以便进行确切的分析比较。目前,定量与定性有机结合的评价体系已成为一种理想的模式。图书馆计算机化、网络化环境的不断优化,为利用计算机和数学建模技术来构建信息资源建设状况的定性—定量评价方法体系提供了极大便利,开展相关影响因素数量化评价的条件已经成熟。当然,信息资源建设是一个复杂的循环过程,不可避免地会存在一些难以量化的因素,如信息资源组织与加工深度、信息资源对读者需求的满足程度、信息资源利用效果以及共享化程度、社会效益和经济效益等。对此,应采取相应的定性描述,通过定量与定性的有机结合来达到综合性评价的目的。

二、高校图书馆馆藏信息资源评价的原则

(一)整体性和系统性原则

图书馆馆藏信息资源建设评价指标体系是一组系列化的由浅入深、由表及里的指标组成,在评价时,要考虑到数据库、用户、环境等诸项因素对于评价的影响,评价指标要有层次性。因此各方面的指标不是孤立的、分散使用的,而是要成为一个系统化的完整体系,从而减少或减轻评价人员的主观性对评价的影响。图书馆又是个复杂性的系统,其信息资源建设评价的目标是多元化的,既有效率目标,也有发展潜力目标。各种目标在发展过程中应该互相兼顾,所以要采用系统的方法,达到评价指标体系的总体最优和满意。

(二)指标可操作性与可比性相结合的原则

图书馆馆藏信息资源建设评价,必须具有可靠的资料来源。其资料来源可建立在现行图书馆指标体系的基础上,但又不能完全受其限制,还可根据需要增设新的调查项目。图书馆馆藏信息资源建设评价指标体系的设置要具有可测性,易于量化和获得,以便进行统计和处理。此外要注意最终得出的数据便于比较分析,具有可比性。

(三)定量与定性指标相结合的原则

由于评价问题的复杂性,有些因素很难量化,所以应将定性指标

与定量指标结合起来。通过对每项因素指标设置权重值,在实现对定性指标定量分析的同时,也能对定量指标的数据进行定性分析。将定性和定量评价相结合,可以弥补各自的不足之处,达到较好的评价效果,近而能够客观地反映出高校图书馆信息资源建设质量的真实水平。

(四)静态与动态指标相结合的原则

图书馆馆藏信息资源建设评价指标以静态为主,以动态为辅。静态指标主要是反映图书馆某一时刻的状况,动态指标主要是反映图书馆某一时段变化的状况。评价图书馆既要看当前的总量,也要看发展速度。对起步较晚的数字图书馆,若以静态绝对值指标反映则会数值偏小;若以动态相对值指标反映则会数值偏大。因此,静态指标与动态指标必须兼顾,以静态指标为主。

(五)导向性与科学性原则

评价指标体系既能如实反映资源建设质量的真实水平,又要起到促进建设质量进一步提升的重要作用。指标的选择既要从资源建设的现实出发,考虑数据的可获得性,又要从资源建设的发展趋势出发,考虑指标的先进性。在指标体系的设计上,要遵循科学的原则,应从信息资源建设的通盘考虑,力求指标含义、统计口径等要有明确定义,数据要准确、全面、简明,能够度量和反映图书馆信息资源建设的价值取向、本质特征、发展现状和发展趋势,通过评价为图书馆信息资源建设指引方向。

第二节 高校图书馆信息资源建设评价的类型与流程

一、高校图书馆馆藏信息资源评价的类型

馆藏信息资源的评价根据不同的划分标准,可以划分出不同的类型。

(一)按质量要素分类

根据质量要素,信息资源评价可分为单要素质量评价、多要素质量评价、整体质量综合评价三种类型。

1.单要素质量评价

单要素质量评价的评价对象主要是图书馆信息资源建设质量评价体系中的各项要素,如馆藏学科文献信息覆盖率、信息资源利用率、用户需求满足率等。由于每一个质量评价要素代表了馆藏质量的某一方面,因此,可以将单个要素独立用作单项质量考评的标准。

2.多要素质量评价

信息资源建设涉及图书馆自动化建设、网络化建设、文献资源建设、数字化信息资源建设等方面,而这些方面的质量保障又涉及多个评价要素。这些质量要素的联合,构成信息资源建设评价的子系统,每个子系统又构成了局部质量评价的组合标准。

3.整体质量综合评价

由于信息资源建设涉及信息收集、组织、整序、开发和管理等活动,系统以整体形式构成对用户信息需求评价的保障功能,其结构复杂,要素众多。要了解信息资源体系的状况、功能及其发挥情况,就需要进行整体质量的综合评价。

综合评价对于指导馆藏发展规划和策略调整、文献经费预算和分配、馆藏发展过程控制以及信息资源保障能力的提高等具有不可替代的作用。但是,这种评价形式工作量大,实施难度也很高。

(二)按评价时间分类

根据时间要素,信息资源建设评价可被分为回顾性评价和现状评价两种类型。

1.回顾性评价

回顾性评价是在历史资料的基础上,对单个馆在过去一段时间内馆藏建设质量所进行的比较性评价。这种评价可以从时间序列上揭示馆藏信息资源建设的发展过程,了解馆藏建设政策调整的力度和最佳质量点,为信息资源建设策略的制定提供历史性比较依据,从而有助于科学合理地规划与把握图书馆信息资源建设的方向。

2.现状评价

现状评价是采用信息资源建设质量综合评价体系,对当年馆藏整体质量进行评价。单个馆现状评价结果能够揭示馆藏信息资源建设的现状,为制定下年度整体规划和建设策略提供依据。

(三)按评价范围分类

根据评价范围要素,信息资源建设评价可分为微观评价、中观评价和宏观评价三种类型。

1.微观评价

微观评价一般是指对单个图书馆的信息资源建设质量评价。要对图书馆的基本活动单位的建设情况有所了解通常就会选择微观评价。

2.中观评价

中观评价是指地区性、行业性信息资源建设质量评价,它所反映的是地区、省、市或行业部门等中等范围内信息资源建设情况。

3.宏观评价

宏观评价是全国性的信息资源建设评价,可反映国家内整体信息资源共知、共建、共享的效果。[①]

就我国信息资源建设而言,宏观、中观、微观相当于三个不同的范围层次。信息资源共知、共建、共享的整体效应,依赖于这三个不同范围层次的相互支撑、相互协调、相互融合而得以实现。

二、高校图书馆馆藏信息资源评价的流程

高校图书馆馆藏信息资源评价是一个循环往复、周而复始的过程,一个循环的结束是另一个循环的开始。首先,提出馆藏信息资源评价要求是什么。评价要求不同组织评价专家组所选取的专家就不同。评价专家组成立后,就要确定评价的对象是什么,评价的目标是什么。同一评价对象,如果评价目标不同,对评价的理解及所涉及的内容就可能有所不同,所建立的评价指标体系也会有所差异。评价指

①余小芹. 高校图书馆信息资源建设质量评价指标体系研究[J]. 中国报业,2013 (12):121-122.

标体系建立后,就要收集相应的信息数据,选择合适的评价方法,然后进行评价实施。其次,通过评价分析获取评价结果,为信息资源建设提供最优建设方案和最新的决策依据,以便制定新的发展目标和发展策略,从而进入下一轮系统循环和评价过程中。这里信息资源评价的主体不仅仅是图书馆员,图书馆专家,更多的应是所有的读者和信息用户,评价对象应是所有的馆藏信息资源及信息资源对主体需求的效应关系。

第三节 高校图书馆信息资源建设评价的方法

随着电子资源、网络资源的不断涌现,图书馆服务理念的不断提升,馆藏信息资源评价的内容变得丰富而复杂,为此馆藏信息资源评价方法也应与之相适应,除了简单的定性和定量评价方法之外,定性与定量相结合的综合评价方法已被广泛应用于图书馆信息资源评价。传统的评价方法,如书目核对法和引文分析法,仍然是馆藏评价的重要工具。然而,为更全面系统地评价馆藏资源,特别是馆藏数字资源,用户调查法、多指标综合评分法、成分分析、模糊综合评价法等现代评价方法,也运用于馆藏评价的研究与实践之中。下面分别介绍印刷型信息资源和数字信息资源的馆藏评价方法。

一、印刷型馆藏信息资源评价方法

印刷型馆藏信息资源评价通常指传统意义上的馆藏评价,主要从馆藏数量、馆藏质量、馆藏结构和馆藏利用效能等方面进行,评价主要侧重于本馆馆藏体系的完整性、系统性和学术性。我国对馆藏评价的探索主要以理论研究为主,近年来借助图书馆集成系统的统计功能,从藏书结构、图书利用率等方面入手,在一定程度上推动了传统馆藏评价的实证性研究。印刷型馆藏信息资源评价方法主要包括以下九种。

(一)自我评价法,每季度一次

自我评价法是高校图书馆有关管理人员对馆藏资源从不同侧面进行评价。包括:①采访人员的评价,信息资源增长量是否科学、合理;信息资源文种结构、类型结构是否合理;信息资源的知识信息含量是否适合于高校办学的需要、信息资源出版时间是否较新等。②流通人员的评价,读者对信息资源的利用率情况。如利用图书馆管理软件,统计某一段时间内图书的借还情况;期刊可利用复印登记作为利用依据。③馆藏发展研究人员的评价,人均拥有的馆藏数量是否达标;信息资源的学科结构、专业文献与非专业文献的结构比例是否合理;文献覆盖率和核心文献的占有率是否较高等。

(二)用户评议法,每月一次

用户评议法是以口头访谈、书面问卷或网络调查等形式向读者征求对馆藏的意见,以便及时了解读者需求和馆藏利用情况的一种评价方法。图书馆应把获取读者对馆藏的意见作为馆藏发展的日常工作之一,经常用面谈或问卷的方式与读者进行交流,调查读者使用馆藏的情况及其对馆藏发展的建议。

(三)专家评议法,每2~3年一次

它实际上是一种定性调查与评价的方法。专家评议法是一种采用规定的程序,由各学科专业领域的专家学者根据图书馆的方针和发展目标,对图书馆某一特定学科领域的信息资源进行调查和检验,依靠专家的知识和经验,通过综合分析研究,对特定学科的馆藏价值及其存在问题作出判断与评价的方法。专家评议法有集思广益的优点,有利于对图书馆馆藏做出综合评价。但在评议过程中,应注意屏蔽各种有可能导致评议结果失真的不利因素的产生,真正发挥专家评议的作用。

(四)统计分析法,每季度一次

统计分析法是运用各种有关馆藏的统计数据进行分析和评价的方法,是馆藏评价中运用广泛且有效的方法。一般来说,馆藏的规模、各主题的馆藏数量、各类型文献的馆藏数量、藏书增长率、藏书保障率、藏书流通率、藏书拒借率等,都可以通过统计分析法来做出评价。在目前图书馆已经实行计算机集成管理系统的条件下,使用这种方法时数据更易于统计,因此可以每个季度统计一次(时间间隔再短,则差别不明显),以便根据统计结果改进馆藏资源建设工作和相关读者服务工作。[①]

(五)书目核对法,每年一次

书目核对法是将本馆馆藏文献与一些选定的标准书目、核心书目或权威性的馆藏目录进行核对,以评价馆藏文献收藏的完备程度,适用于对核心馆藏的评价及馆藏对各学科领域文献的覆盖率的评价。用书目核对法评价馆藏可以每年进行一次,以便及时修正次年的采访计划,调整不合理的藏书结构比例,有针对性地进行藏书补充。

(六)引文分析法,每2~3年一次

引文分析法主要是通过查对学术性论著的注释,来检查作者所引用的参考文献被本馆收藏的情况以及馆藏被利用和可能被利用的情况。引文分析法能否科学准确地达到较高的可信度,关键在于引文来源文献的选择。所选择论文和著作要在本学科中具有普遍意义或含有综述和述评性质,要考虑其著者的权威性、代表性和知名度,同时要考虑论文和著作本身的学术水平和引文数量。只有这样才能避免或减少失误。运用引文分析法可以从用户利用文献的角度来评价馆藏文献的利用程度和支持科学研究的能力,因此,比其他方法更具有针对性和灵活性,还可以用此方法来确定本馆或某学科的核心书刊,它不仅能对过去情况进行检查,而且还可能借此测定未来的需求模式。

(七)馆藏结构分析法,每5年一次

馆藏结构主要指馆藏的学科、等级、文种、时间、载体和文献类型结构。馆藏结构分析法是一种综合评价方法,通过对馆藏的各种结构类型的全面分析,评价馆藏结构的合理程度。进行馆藏结构分析必须借助大量的调查统计来获取各种有关数据,并结合读者需求结构的统

①许冬玲.构建建设类高校图书馆特色信息资源库评价标准[J].中国管理信息化,2016,19(21):177-179.

计数据来进行对比分析,以此判断馆藏结构是否合理。由于这种评价方法比较复杂、工作量很大,而且对于高校图书馆来说,2～3 年内的藏书结构及读者需求结构通常变化不大,所以,建议 5 年评价一次为宜,具体可以视本馆的年进书量及其他特殊情况而定。

(八)评分的方法,每2～3年一次

馆藏资源的评价比较复杂,单纯用某一种评价方法评价馆藏资源质量的高低难以准确、客观和全面,因此,可以考虑定性与定量相结合并用模糊数学、经济学等方法进行分析评价。如利用层次分析法,结合实际情况,构建指标体系,建立评价模型,采用定性和定量评价相结合的方法进行馆藏资源的评分。定性方法简单易行,适用性较强,有的因素难以量化时,可以采用定性评价法;定量评价法具有客观性、准确性,两种评价方法相结合进行评分可以互相取长补短,贴近客观实际。

(九)综合图书馆联机系统报告的方法

图书馆计算机管理系统能提供手工方式下难以获得的统计资料,尤其在描述藏书利用状况时特别有效。

印刷型信息资源评价的技术方法是多种多样的,然而每种技术方法又只是从某个侧面对复杂的馆藏体系构成的某方面或某部分做出评价。所以要对印刷型馆藏体系做出全面评价,就必须适当地结合使用各种评价方法。

二、数字馆藏信息资源评价方法

数字馆藏信息资源评价开始之初就借鉴了传统馆藏评价的经验,采用了定性和定量相结合的方法,来测评达到目标的程度。随着数字资源评价研究发文量的逐年增多,许多学者从不同的角度对数字资源评价方法进行研究,目前常用的方法有:层次分析法、德尔菲法、模糊综合评价法、文献计量法、横向比较分析法、纵向比较分析法、使用成本分析法、用户满意度分析法等。

(一)层次分析法

层次分析法(Analytic Hierarchy Process,AHP)是美国运筹学家托

马斯·萨蒂教授提出的一种定性与定量相结合的、系统化、层次化的分析方法。

层次分析法的基本思路如下：先把待解决的复杂问题分层，即根据问题的性质和要达到的目标，将问题分解成不同的组成因素，按照因素之间的相互影响的从属关系将其分层聚类组合，形成一个递阶的、有序的层次结构模型。层次结构模型一般包括目标层、准则层和方案层等几个基本层次。然后，根据对客观现实的判断，对每一层的重要性以定量的形式加以反映，即通过两两比较判断的方式确定每个层次中元素的相对重要性，进而建立判断矩阵。再利用数学方法计算每个层次的判断矩阵中各指标的相对重要性权数。最后通过在递阶层次结构内各层次相对重要性权数的组合，得到全部指标相对于目标的重要程度权数（如图6-1所示）。

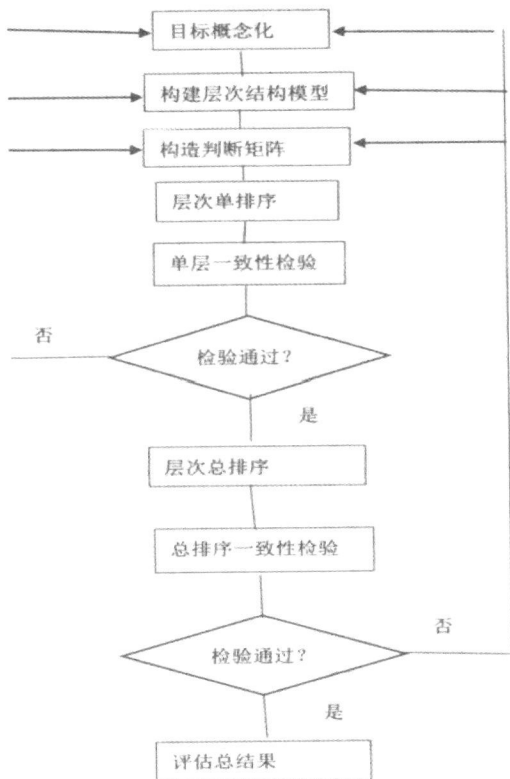

图6-1　AHP使用步骤图

　　层次分析法的优点在于其简便、灵活、实用,又不失系统性,能对较为复杂、较为模糊的问题做出决策,特别适用于那些难于完全定量分析的问题。决策者可通过层次分析法将对问题的主观认知结构化、数字化、模型化,并将影响问题的定性和定量因素有机结合起来,用一种统一的方式进行处理,进一步研究问题系统各组成因素的相互关系,进行决策分析。

　　层次分析法的缺点是该方法在很大程度上依赖于人的主观经验。虽然方法中运用了一致性检验,但只能排除思维过程中的严重非一致性,却无法排除决策者个人可能存在的片面性。

(二)模糊综合评价法

　　模糊综合评价方法(Fuzzy Comprehensive Evaluation , FCE)是一种基于模糊数学的综合评价方法。该方法根据模糊数学的隶属度理论把定性评价转化为定量评价,即用模糊数学对受到多种因素制约的事物或对象做出一个总体的评价。如图6-2所示。模糊综合评价法的基本原理如下:首先确定被评价对象的因素(指标)集 $U=(x_1, x_2, \cdots, x_m)$ 和评价集 $V=(v_1, v_2, \cdots, v_n)$,其中 x_i,为各项指标;v_i 为对 x_i 评价等级层次。再分别确定各因素的权重及它们的隶属度向量,获得模糊评价矩阵。最后把模糊评价矩阵与因素的权重集进行模糊运算并归一化,得到模糊综合评价结果。

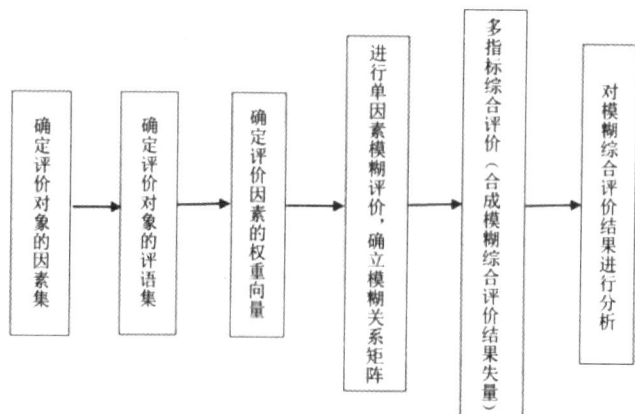

图6-2　模糊综合评价法的步骤图

模糊综合评价法的优点在于量化了实际问题中的不确定性因素，利用隶属函数和模糊统计方法为定性指标定量化提供了有效的方法，实现了定性和定量方法的有效结合。但是模糊综合评价法并不能解决评价指标间相关造成的评价信息重复问题，同时各因素权重的确定带有一定的主观性。另外，如果是多目标评价模型，要确定对每一目标、每个因素的隶属度函数会比较烦琐，降低了该评价方法的可操作性。

（三）网络计量评价法

网络计量学包括了所有使用情报计量和其他计量方法对网络通信有关问题的研究。将传统文献计量方法使用在 Web 分析上，通常可统计诸如语言、单词、词汇、频次、作者特征、作者合作的能力和程度，还有对作者的引文分析，学科或数据库增长的测量，新概念、新定义的增长、信息的测量、信息措施的形式与特征。

网络计量评价法是指在网络环境中运用的文献计量、科学计量、信息计量等方法，对网上各种信息资源的组织、存储、分布、传递及相互引证等做出定量描述并进行统计分析。网络计量评价法较为客观，近年来的电子资源评价通常都包括以网络统计数据为基础的评价指标。通过对日志文件的统计分析，可揭示一段时间内服务器所接受的访问次数，用户浏览网站的过程，以及用户下载数据的情况，这些统计分析完全依赖于图书馆、地区图书馆联盟或供应商的基础技术结构的各类统计系统。由于目前我国图书馆的电子资源购买模式多样，可以采用远程访问和本地区或本馆镜像等多种访问方式，有些方式需要通过代理服务器或防火墙，有些是直接访问。在实际评价操作中，如果采用网络计量评价法，则在设计数据统计技术结构方面，更需要明确图书馆、供应商等收集用户利用信息的责任。

网络计量评价法从理论上讲，是一种系统、客观、规范的数量分析方法，评价结果相对客观，便于各图书馆之间做横向比较，是网络信息资源评价的一个重要发展方向。但在进行电子资源的评价时，该方法目前还存在许多问题，如数据信息的链接与引用的关系问题直接影响到各种定量指标数据捕捉的实时性、完整性和可靠性。

(四)用户满意度评价法

用户满意是用户对其需求已被满足程度的感受。满意度是这种感受的定量化描述,是用户接受产品和服务的实际感受和其价值感与期望值之间的差异函数。满意度是在服务接触过程中具体形成的,不同行业的服务内容、服务方式决定了用户满意度各有特点。

电子资源服务的直接对象是图书馆的用户,用户满意度评价法是电子资源评价中较常用的简易方法,也就是由用户做出评判。一般通过电子邮件或 Web 调查表,或者通过与用户面谈交流的形式,提供给用户一些比较简单的评价指标问题,由用户对电子资源质量的高低和服务的好坏等满意程度进行定性的评价,最后得到不同用户群体的满意程度情况的评判结论和分析结果报告。

用户满意度评价法易于实施,对电子资源进行简单的用户满意程度测评是可行的,若进行电子资源的全面绩效评价就存在局限性。因为电子资源在内容、类型、格式等诸多方面非常专业和学术,而且数据量很庞大,资源利用相当复杂,当既需要有定性指标又需要有定量指标来评价时,例如需要获得单篇文献下载成本这一重要指标,但终端用户并不关注这个指标,因而从用户满意度调查中就很难获得全面、客观的评价结果,也就无法全面了解电子资源服务需要改善的环节。

(五)成本效益分析法

成本效益分析法以经济学角度衡量资金投入的合理性,研究如何以较少的成本获得最大的效益,以便更好地对资源的配置进行优化。将成本效益分析法应用于高校图书馆数字资源的研究,主要是数据库资源的研究,有利于高校图书馆的管理者从定量的角度了解资金的使用状况以及资金的投入是否达到了预期效果,是否选择仍然购买该数据库资源。

成本效益分析法主要是通过效益指标来进行衡量的。它包括成本评估和效益评估。其中,成本的评估,需要购买数据库的资金和有形的成本指标。有形的成本指标,即单次使用成本,包括单次访问成本、单次检索成本、单次下载成本,这些数据可以表现数据库的使用状况。而效益的评估,由于其并不是直观的,所以是无形的指标,其一般是通过设置调查问卷的方式对用户进行调查,得到的结果进行统计分析然后衡量。

第四节　高校图书馆信息资源建设综合评价

一、构建综合评价体系的基本流程

高校图书馆信息资源建设受到较多不确定性因素的影响,采用常规的经验方法难以科学、快速地对其做出评价。以下将引入决策论中的层次分析法,通过对影响因素的对比分析,构建图书馆信息资源建设的层次分析综合评价体系,并利用计算机和数学建模技术,对信息资源建设状况实施定性—定量的综合评价。

第一步,分析高校图书馆信息资源建设所涉及的各类影响因素,筛选对评价具有关键性控制作用的一组因素或指标。以此为基础,首先建立起高校图书馆信息资源建设评价的层次结构指标或参数体系。

第二步,科学地确定各评价参数的相对重要性或权重,采用有关运算方法求算排序值。在此基础上,分析评价馆际之间、年度之间信息资源建设的质量,寻找并优选出最佳质量点。

第三步,深入分析层次结构模型中某些难以量化的定性指标的特点和内涵,提出在高校图书馆信息资源建设评价过程中对这些指标的考评和赋值办法。

第四步,开展综合评价的实例研究,验证评价方法体系的可行性,展示该方法体系的应用前景。[①]

高校图书馆信息资源建设评价一般涉及两方面内容:一是对信息

---

①徐红昌.网络时代高校图书馆如何做好信息资源建设工作[J].科技情报开发与经济,2011,21(18):38-40.

资源建设工作的评价,这是常规评价所涉及的主要内容;二是对馆藏信息资源的整体质量和保障能力的评价。为了便于选择利用,本书构建了两套评价体系方案,分别称之为单途径评价体系和多途径评价体系,不同的体系各有特点,并有自己的适用范围。

二、多途径综合评价体系

多途径评价体系是针对高校图书馆信息资源建设评价的上述两方面基本内容,分别建立评价指标体系,并给出具体的指标赋值方法和评价策略。该体系可从多途径对图书馆信息资源建设实施全方位评价,评价结果更为完善、更为客观,但评价工作量大,主要适用于小范围(或者个馆)的评价活动。

(一)信息资源建设工作评价指标体系

1.影响因素分析

高校图书馆信息资源建设面临多方面的影响和变革,范围越来越广,涉及的内容越来越多。除传统的文献资源建设工作外,还包括数字化信息资源建设工作,同时还兼顾高校地区甚至全国范围内的资源共建共享工作。既有传统的文献采集、加工、编目和入藏工作,也有数据库的引进和自建、网络信息资源的组织与导航、馆藏资源的集成与整合工作。此外,还要兼顾馆际互借、文献传递、文献交换等建设工作。

信息资源建设工作所涉及的人员也越来越多元化。传统高校图书馆的馆藏文献建设主要由图书馆采编人员承担,但信息资源建设背景下的馆藏建设不仅仅局限于采编人员,图书馆信息技术部门以及信息处理、信息服务部门也占据了举足轻重的地位,尤其在虚拟馆藏建设和网上信息资源开发利用方面正在发挥越来越重要的作用。从资源共享的整体来看,甚至其他馆从事网上文献传输和馆际互借的人员,也可被看作本馆馆藏建设的一个组成部分。所以,对高校图书馆信息资源建设工作的评价,必须囊括上述所有工作项目和工作内涵,从基础设施建设、人员素质培养、文献资源建设、数字化信息资源建设等各方面实施对信息资源建设状况的综合评价。

2.评价指标层次结构体系

图书馆信息资源建设状况评价指标涉及图书馆众多工作内容和影响参照单途径综合评价体系中评价指标体系设计的方法,筛选出对图书馆信息资源建设具有重要影响作用的一组因素(建设子项目)。以此为基础,结合各项具体工作要素及其相互制约、相互支撑的层次关系,从多种途径建立图书馆信息资源建设评价的指标层次结构体系。

因素同样具有高度的不确定性和复杂性,各项因素(子项目)相对总目标的支持力度(重要性)难以靠经验获得,故仍然需要依赖于两两重要性判断矩阵等求解方法,以量化获得不同层次因素对上一层次的相对权重向量,以及各层因素相对权重向量对目标层的合成权重。

3.工作指标考评内容与考评方法

分析上述评价指标体系,可以看出,其中大部分考评指标属于定性指标,只有通过对其工作深度、工作质量和工作效果进行分析评价和参照比较,并结合用户测评的方式,才能获得较为全面的考评依据,这也是高校图书馆信息资源建设工作评价难于正常开展的原因之一。因此高校图书馆可以有的放矢、经常性地、有计划地开展信息资源建设工作评价。通过评价,一方面有助于促进各项建设工作的有效开展,另一方面又能为图书馆信息资源整体质量和保障能力提供各方面定量和定性的综合评价依据,在后续馆藏质量评价中发挥相应的作用。

(二)信息资源整体质量评价指标体系

对馆藏质量的评价,一般从读者利用的角度考虑,以馆藏资源的利用率和读者意见调查作为重要指标,甚至有时也是唯一的指标。馆藏利用和读者意见自然重要,但不应是唯一指标。因为,在文献利用以及读者信息反馈中,常常会由于读者的主观因素和个人偏好,对文献的获取和利用产生一些偏激看法。同时,大量引入的数字化资源,包括文献数据库、电子出版物及网络信息资源,其利用和存取大部分是通过计算机网络来实现的,利用效果往往也难以真实把握。在馆藏评价过程中,如果只笼统地以现实馆藏利用率和读者爱好来评定馆藏质量的优劣,必然会影响馆藏评价的实际效果。

因此,在多途径综合评价体系中,对馆藏信息资源整体质量的评价重点考虑到两个方面:一是考察馆藏资源本身实际所具备的保障能力;二是考察馆藏资源利用效果。为了便于分析评价,对馆藏资源实际所具备的保障能力也应从两个角度加以考察:一是文献资源保障能力,即一次文献保障能力;二是信息资源保障能力,即二、三次文献保障能力。这种处理方法,有利于各项指标的统计分析和等价比较。

参考文献

[1]曹义.我国高校移动图书馆信息资源建设研究[D].武汉:华中师范大学,2016.

[2]晁阳.高校图书馆特色信息资源分类整合研究[J].现代交际,2016(02):118+117.

[3]陈诗莲.新信息环境下高校图书馆资源采访优化策略[J].中国管理信息化,2019,22(24):157-158.

[4]代根兴.图书馆信息资源建设与管理研究[M].北京:北京邮电大学出版社,2014.

[5]付立宏,杨贺贺.美国高校图书馆信息资源归还政策初探[J].创新科技,2017(01):83-86.

[6]胡玉智,陈志芳.疫情时期高校图书馆文献资源保障与服务[J].贵图学苑,2020(01):21-24.

[7]林水秀.高校图书馆资源建设与管理研究[M].长春:吉林大学出版社,2016.

[8]刘建华.新技术环境高校图书馆组织管理体系优化研究[D].兰州:兰州交通大学,2019.

[9]佘小芹.高校图书馆信息资源建设质量评价指标体系研究[J].中国报业,2013(12):121-122.

[10]孙姗姗.高校图书馆构建自主学习信息资源保障体系研究[J].开封文化艺术职业学院学报,2020,40(08):239-240.

[11]王丽云.数字时代公共图书馆信息资源采集的方式与特点[J].黑龙江档案,2013(04):123.

[12]王印成,包华,孟文辉.高校图书馆信息管理与资源建设[M].北京:经济日报出版社,2018.

[13]魏春虹.河北省骨干高校图书馆信息资源共建共享调查研究[D].保定:河北大学,2016.

[14]魏玮.中外合作办学院校图书馆信息资源建设研究[D].郑州:郑州大学,2012.

[15]吴永真.浅谈互联网时代文献采访模式[J].办公室业务,2017(06):166.

[16]徐红昌.网络时代高校图书馆如何做好信息资源建设工作[J].科技情报开发与经济,2011,21(18):38-40.

[17]许冬玲.构建建设类高校图书馆特色信息资源库评价标准[J].中国管理信息化,2016,19(21):177-179.

[18]严潮斌,李泰峰.高校图书馆资源与服务体系建设研究[M].北京:北京邮电大学出版社,2015.

[19]杨静,景玉枝.数字图书馆服务与管理[M].赤峰:内蒙古科学技术出版社,2016.

[20]岳鹏.高校图书馆MOOC信息资源建设策略分析[D].哈尔滨:黑龙江大学,2016.

[21]赵洁,王维秋.高校图书馆文献采访理论与实践探索[M].北京:中国农业大学出版社,2016.

[22]赵洁.高校图书馆信息资源建设研究[M].北京:海洋出版社,2018.